Ma camarade

Le Roman d'une

tome 3

William Clark Russell

Writat

Cette édition parue en 2024

ISBN : 9789361461439

Publié par
Writat
email : info@writat.com

Selon les informations que nous détenons, ce livre est dans le domaine public. Ce livre est la reproduction d'un ouvrage historique important. Alpha Editions utilise la meilleure technologie pour reproduire un travail historique de la même manière qu'il a été publié pour la première fois afin de préserver son caractère original. Toute marque ou numéro vu est laissé intentionnellement pour préserver sa vraie forme.

Contenu

CHAPITRE XXIX LE CAPITAINE COMMENCE UNE HISTOIRE ....- 1 -

CHAPITRE XXX LE CAPITAINE FAIT UNE PROPOSITION .- 10 -

CHAPITRE XXXI LA FORME DE L'ACCORD ....- 21 -

CHAPITRE XXXII UNE TRAGÉDIE ....- 31 -

CHAPITRE XXXIII LE CHARPENTIER CONVOQUE UN CONSEIL ....- 42 -

CHAPITRE XXXIV I CONSENTEMENT ....- 54 -

CHAPITRE XXXV MA CAPITAINE ....- 65 -

CHAPITRE XXXVI JE CONVERSE AVEC WETHERLY ..- 75 -

CHAPITRE XXXVII CAP HORN ....- 84 -

CHAPITRE XXXVIII TERRE ! ....- 95 -

CHAPITRE XXXIX L'ÎLE ....- 106 -

CHAPITRE XL I ÉVASION ....- 117 -

CHAPITRE XLI NOUS NAVIGUONS ....- 127 -

CHAPITRE XLII CONCLUSION ....- 138 -

CHAPITRE XXIX
LE CAPITAINE COMMENCE UNE HISTOIRE

Pendant quelques jours, rien de ce qui aurait dû trouver sa place dans ce récit ne s'est produit. L'après-midi du troisième jour de notre séjour à bord de la barque, nous aperçumes une voile, coque baissée, au vent. Je suis monté dans le toit principal et je l'ai examiné à travers la vitre, et j'ai trouvé un brick très haut gréé, sa toile s'élevant en voiles de lune , un spectacle que je n'avais jamais vu auparavant en mer, même à l'époque où les navires étaient plus lourdement drapés. qu'ils ne le font dans ceux-ci. Elle suivait notre route, effectuant peut-être une navigation légèrement plus météorologique, et malgré son apparence – un gros et doux nuage de toile dans les lentilles du télescope – nous l'avons dépassée à raison de deux pieds contre elle ; et quelque temps avant le coucher du soleil, nous l'avions coulé pour ses membres royaux sur le quartier.

Miss Temple voulait que je demande au capitaine Braine de conduire le *Lady Blanche* à distance de conversation du brick, afin que nous puissions vérifier où elle devait se rendre et monter à bord. « Car il se peut qu'il navigue, dit-elle, vers quelque port sud-américain qui sera, comparativement parlant, tout proche, où nous pourrons facilement trouver un navire pour nous ramener chez nous. Mais après avoir réfléchi un peu, j'ai décidé de me taire. Il ne semblerait pas très aimable de demander au capitaine Braine de nous transborder sur un navire en partance : il ne serait pas non plus sage de lui donner la peine de dévier de sa route simplement, peut-être, pour s'assurer que le brick était lié autour du Horn. vers des régions plus éloignées que l'île Maurice. En outre, je n'avais aucune envie d'obtenir un refus catégorique de la part du capitaine Braine de mettre son navire à distance d'appel d'un autre jusqu'à ce qu'une réelle opportunité d'atteindre l'Angleterre se présente par quelque navire en route vers le pays passant à proximité ; alors que, bien sûr, je devrais tenter ma chance avec son assentiment ou son refus. Je laissai donc le brick s'éloigner hors de vue sans en parler au capitaine, ni même avoir l'air de l'écouter de nouveau après que je sois descendu des hauteurs.

C'était une période terriblement ennuyeuse, anxieuse et lassante ; Je parle de ces deux jours sans incident. La brise chaude était passée par le travers et soufflait fébrilement sous un ciel sans nuages qui, du matin au soir , était un éclat d'airain autour du soleil . Nous lui montrâmes des voiles royales et une voile à clous de mât de misaine, et nous traversâmes la plaine lisse avec une hauteur d'écume d'une demi-tourne au niveau de l'eau, et une vrille et une précipitation de neige à côté qui faisaient chanceler les yeux qui le regardaient. J'ai inscrit le travail de la journée et les observations nécessaires, etc., dans le journal de bord conformément à la demande du capitaine. Il était ravi de mon écriture, resta assis à la contempler avec son regard sans ciller pendant un long moment, comme s'il s'agissait d'une image, puis, prenant une profonde inspiration, s'écria : « Il ne fait aucun doute que cet ouvrage est un article de première classe. Regardez vos écrits à côté des miens, et les miens à côté de ceux de Chicken . Chicken et moi avons grandi dans le même collège, sur le gaillard d'avant d'un navire, et loin d'être étonné de mon propre poing et de son orthographe, je suis seulement étonné de savoir lire ou écrire.

Cependant, bien qu'il s'exprimât ainsi, il se tut, et le resta par la suite, devint en effet extraordinairement méditatif et, aux heures des repas, ouvrait à peine les lèvres, bien que son regard devenait plus délibéré à mesure que sa réserve augmentait, jusqu'à ce qu'il arrive enfin. à ce qu'il ne quitte jamais l'un ou l'autre des yeux. Miss Temple me répétait sans cesse qu'elle était certaine qu'il avait quelque chose en tête, et elle avait l'air effrayée alors qu'elle théorisait sur son secret. Parfois, sur le pont, je l'observais debout près de la bastingage, regardant vers la mer et parlant tout seul, claquant fréquemment des doigts, se retournant comme s'il avait soudain conscience qu'il avait parlé à voix haute, puis partant d'un ton bref et agité : marche instable, s'arrêtant brusquement pour marmonner à nouveau et claquer des doigts de l'air de quelqu'un qui s'efforce de prendre une résolution.

C'était l'après-midi du deuxième jour de ces deux jours dont j'ai parlé, et il approchait six heures, quatre cloches du premier garde canin . Le capitaine était sur le pont depuis quatre heures, et depuis vingt minutes il se tenait un peu à droite de celui qui dirigeait, me regardant avec une attention qui était depuis longtemps devenue embarrassante, et je puis dire pénible. . Chaque fois que je tournais la tête vers lui, je trouvais son regard fixé sur moi. Miss Temple et moi étions assis trop près de lui pour admettre que nous commentions l'estime singulière qu'il m'accordait. Elle réussit cependant à murmurer qu'elle était certaine que son secret, quel qu'il soit, remontait lentement des profondeurs de son âme à la surface de son esprit.

« Il me semble que le visage de cet homme a changé », dit-elle dans un souffle. « Marchons, M. Dugdale . Une telle surveillance est insupportable.

Tandis qu'elle parlait, quatre cloches retentirent . M. Lush, qui était appuyé contre l'extrémité de son guindeau, a fait tomber les cendres de sa pipe et s'est lentement avancé vers l'arrière pour soulager le pont. Je me levai pour marcher avec Miss Temple comme elle l'avait proposé. Le capitaine Braine m'a appelé. Il m'a rencontré alors que je m'approchais de lui et m'a dit : « Je veux avoir une conversation avec vous dans ma cabine.

Il y avait quelque chose dans son comportement qui m'a alarmé. Comment dois-je l'exprimer ? Un air d'exultation inquiète, comme celui d'un esprit fier d'avoir atteint une résolution devant laquelle tremblent les instincts secrets. Pendant un moment, je restai suspendu au vent, très réticent à m'enfermer seul, désarmé comme je l'étais, avec un homme dont la folie, pour ainsi dire, semblait plus forte en lui à ce moment que je ne l'avais jamais observée auparavant. Mais le charpentier avait maintenant récupéré la crotte ; et le capitaine, en l'apercevant, se dirigea aussitôt vers le compagnon, le descendit jusqu'au milieu de l'échelle, et attendit là que je le suive.

Mais, pensai-je, je suis sûrement plus fort que lui en force, et je suis sur mes gardes ! Tandis que je posais le pied sur l'échelle – le capitaine descendait en me voyant arriver – je m'arrêtai pour me pencher sur la couverture et dire à Miss Temple :

« Si vous restez sur le pont, je pourrai m'éloigner de lui s'il s'avère ennuyeux, en lui disant que je dois m'occuper de vous.

« Que pensez-vous qu'il souhaite dire ? s'écria-t-elle avec un visage alarmé qui frôlait la consternation.

Je ne pus répondre que par un haussement d'épaules impuissant, et la minute suivante, j'étais entré dans la cabine du capitaine Braine.

« Je vous en prie, asseyez-vous », dit-il. Il ôta son chapeau de paille et l'envoya rouler dans les airs dans un coin, comme s'il s'agissait d'un boomerang, et se mit à sécher son visage en sueur sur un grand mouchoir de poche ; puis, croisant fermement les bras sur sa poitrine et courbant son genou droit tout en baissant un peu le menton, il me regarda sous l'ombre de ses sourcils très épais avec une fermeté que je ne pouvais comparer qu'au regard d'un œil de chat.

« Eh bien, capitaine Braine, » dis-je d'un ton désinvolte, bien que je l'observai avec l'étroitesse d'un homme effrayé, « que dois-je maintenant avoir de vos nouvelles ? Proposez-vous de me poser davantage de questions sur la navigation et le matelotage ?

'M. Dugdale, s'écria-t-il en parlant très lentement, bien que l'excitation qui l'habitait rendait sa voix grave et inhabituellement claire et forte, j'en suis arrivé à la conclusion que vous êtes un gentleman très capable de me sauver, et en me sauvant pour vous sauver. Je l'ai retourné à toutes les heures du jour et pendant de nombreuses heures de la nuit aussi, depuis le moment où vous avez franchi le bord pour la première fois, et j'ai résolu de vous mettre en confiance. '

Il hocha la tête et resta à me regarder sans parler pendant quelques instants ; puis s'est assis près de moi et s'est penché en avant avec un index sur son pouce dans une posture informatique.

« C'est en 1831, commença-t-il, que j'étais troisième officier à bord d'un navire appelé l' *Ocean Monarch*. Nous partîmes de Londres avec une cargaison de marchandises mélangées, à destination du port de Callao. Rien ne s'est produit jusqu'à ce que nous soyons bien à l'ouest du cap Horn, lorsque le navire a été incendié par les cendres vives du poêle de la cabine qui brûlaient à travers le pont. La cargaison était d'un type inflammable. En moins de deux heures, le navire était en feu de la proue à l'étoile, et à ce moment-là, nous avions dépassé les bateaux et nous attendions à distance pour qu'il disparaisse. Il y avait deux bateaux, la chaloupe et un joyeux bateau. La chaloupe était un bateau de taille moyenne, et la plupart des hommes y montaient avec le capitaine, un homme nommé Matthews, et le second, un étranger nommé Falck. Dans notre bateau se trouvaient le second, M. Ruddiman, moi-même, deux marins et quelques jeunes apprentis. Nous étions mal approvisionnés en eau et en nourriture ; et après le naufrage de l' *Ocean Monarch*, le capitaine Matthews chante à M. Ruddiman pour lui tenir compagnie. Mais ce n'était pas possible. La chaloupe s'est éloignée de nous, puis elle s'est précipitée et nous a pris en remorque ; mais il y a eu un peu de mer, et la ligne s'est séparée, et le lendemain matin nous étions seuls.

Il fit une pause.

« Je vous suis de près », dis-je, croyant apercevoir sur son visage un soupçon d'inattention de ma part, et me demandant à quoi diable allait mener son histoire. Il se leva et, croisant les bras dans la première attitude qu'il avait adoptée, continua d'une voix grave et claire.

"Il est venu souffler fort du sud et de l'est, et nous avons dû tout faire en enfer et courir devant les mers pour sauver nos vies. Cela a duré trois ou quatre jours, jusqu'à ce que M. Ruddiman estime que nous avions été soufflés à peu près à mi-chemin des Marquises. Le calme est alors revenu et nous sommes restés à rôtir sous un soleil de plomb, sans eau fraîche dans le bateau, et rien à manger à part une poignée de fragments de biscuit moisis au fond d'un sac qui avait été imbibé d'aérosol. et encore. L'un des apprentis est devenu fou, a sauté par-dessus bord et s'est noyé. Nous étions trop faibles pour l'aider ; d'ailleurs, aucun d'entre nous ne l'avait trouvé à l'aise dans cette eau fraîche, laissant derrière lui la soif et la faim et s'enfonçant dans un profond sommeil, pour ainsi dire. Ensuite, l'autre apprenti a été mal pris et est mort dans un accès de haut-le-cœur, et nous l'avons mis de côté. Le lendemain matin, lorsque le jour s'est levé, nous avons vu un des marins mort au fond du bateau. L'autre était l'homme le plus malade des deux, mais il a traîné ensemble, monsieur, et a vécu trois jours. Nous avons gardé son corps.

Son ton grave cessa et il me regarda. Juste l'histoire d'un mauvais naufrage, pensais-je jusqu'à présent.

« Il y a eu une légère brise de l'est, » continua-t-il après une petite pause ; "Mais ni M. Ruddiman ni moi n'avions la force d'un chaton dans nos bras, et nous avons laissé le bateau avancer en attendant la mort. Je pensais que c'était arrivé le même après-midi, et à cette sensation s'ajouta une crise, je l'avoue, car je ne m'en souviens plus, jusqu'à ce qu'en ouvrant les yeux, je me retrouve dans un hamac dans l'entrepont d'un petit navire. L'engin était un petit navire espagnol, appelé le *Rosario*. Elle avait flotté en vue de notre bateau, et il restait juste assez de force chez M. Ruddiman pour lui permettre de brandir son mouchoir afin qu'ils puissent voir que le bateau avait quelque chose de vivant en lui. Personne à bord n'a parlé une seule syllabe d'anglais, et ni M. Ruddiman ni moi n'avons compris un mot d'espagnol. Nous ne pouvions même pas savoir où le brigantin se rendait, ni d'où il venait. Nous causions tout de même par signes avec l'équipage, comme si nous avions été rejetés parmi les sauvages. Nous étions tous deux des hommes courageux à cette époque-là, et nous n'avons pas tardé à ramasser ce que nous avions laissé tomber lors de notre promenade en bateau. Eh bien, la route suivie par le navire se dirigeait quelque peu vers le sud ouest, et j'ai cru que nous nous dirigions vers un port australien ; mais même si je faisais des mouvements et dessinais avec un morceau de craie sur le pont, je n'obtiendrais jamais plus qu'un regard fixe, un hochement de tête, un sourire et un haussement d'épaules, pour une réponse. . En fait, c'était comme être envoyé à la dérive avec une compagnie de singes.

Il s'essuya à nouveau le visage, s'assit comme avant et se pencha vers moi dans son ancienne posture informatique, les yeux rivés sur mon visage. La singularité de leur expression habituelle était maintenant grandement rehaussée par un air de sauvagerie, que j'attribuais en partie aux émotions allumées en lui par ce récit de souffrances passées et terribles. J'étais assis comme absorbé par son histoire ; mais j'avais l'œil pour chaque mouvement de lui ainsi que pour son visage.

« Il y a eu un coup de vent une nuit après que nous étions à bord du brigantin depuis environ quinze jours. Ils étaient peu nombreux à bord du navire, et tellement nombreux qu'ils se trouvaient en route les uns pour les autres. Ils ont mis le petit bateau dans l'auge, d'une manière ou d'une autre, avec plus de voiles qu'il ne pouvait supporter; le mât principal disparut ; il a fait tomber le mât de misaine, ce qui a détruit le beaupré et le foc. Les Espagnols couraient comme des fous, quelques-uns se signaient et priaient sur les ponts ; d'autres braillaient de manière à terrifier tout le monde, bien que je ne puisse vous dire ce qui a été dit ; le navire était dans un horrible désastre avec des épaves que personne n'a tenté de nettoyer. Il soufflait très fort, et la mer éclatait en fumée sur le brigantin, ingérable. Enfin, le maître d'équipage, tenant une sonde à la main, cria quelque chose, et on se précipita vers les bateaux arrimés au milieu du navire. Ils étaient tellement fous de peur qu'ils savaient à peine comment les faire basculer par-dessus bord. Ruddiman me dit : « Je resterai sur le navire. Si ces bateaux ne sont pas inondés, ils exploseront et ses hommes mourront de faim, et notre dernier travail dans cette ligne me suffit amplement. J'ai dit que je resterais également près du navire et nous sommes restés à regarder pendant que les Espagnols faisaient passer leurs bateaux. C'est la chance, et non la gestion, qui a mis le petit bateau à flot. Le capitaine, en rugissant, nous fit signe de venir ; mais nous, désignant la mer, fîmes des gestes pour signifier qu'ils allaient chavirer et secouâmes la tête. Ils étaient fous de peur et n'allaient pas rester pour discuter, et par deux ou trois à la fois, ils sautaient dans les bateaux comme des rats ; et s'ils ont emporté de la nourriture et de l'eau avec eux, je ne peux vous le dire ; mais ce que je sais, c'est que moins de vingt minutes après le chant du maître d'équipage espagnol, les deux bateaux avaient disparu, et M. Ruddiman et moi étions seuls.

Il se leva en disant cela et se mit à arpenter le plancher de la cabine en silence, la tête baissée et les bras pendants comme des poignées de pompe.

— Une histoire très intéressante, capitaine, en ce qui concerne son déroulement, dis-je en me déplaçant un peu sur mon siège, comme si je supposais que la fin n'était pas loin maintenant. « Bien sûr que vous avez été emmené par un navire de passage ?

Il ne répondit rien à cela et ne parut même pas m'écouter. Après plusieurs tours, il s'est arrêté et m'a regardé en face, et a continué à me regarder en fronçant les sourcils, comme s'il revenait à sa première résolution de communiquer son secret avec un effort qui n'était guère loin d'être une angoisse mentale. Il s'approcha lentement de sa chaise et repartit.

« Nous avons sondé le puits et avons découvert bientôt que l'eau qu'il prenait s'écoulait par les ponts et qu'il était suffisamment serré dans son fond ; et nous pensions que si nous parvenions à la sortir du creux, elle vivrait en pleine forme ; alors nous avons cherché le coffre du charpentier, nous l'avons trouvé, et nous l'avons lancé au tirage au sort avec un hélicoptère chacun, et après un moment, nous avons débarrassé le navire des espars et de la confusion, et lui avons fait lever les yeux vers lui, et elle a fait beau temps moyen, le cabrant joliment sous une bâche grippée dans le gréement principal météo. Le vent s'est calmé au bout de vingt-quatre heures et le vent s'est tourné vers l' est . Nous laissons tomber la voile d'avant ; il n'y avait plus de toile à installer, la tête de mât disparue, et avec elle les drisses de pointe et la voile en lambeaux. Notre idée était de nous diriger vers les îles Sandwich, car nous attendions de tomber sur un baleinier, et sans aide de ce genre, la civilisation existait à Hawaï ; mais les autres rochers polynésiens étaient pour la plupart des îles cannibales, croyions-nous, et nous étions favorables à leur laisser une large place. Pourtant, nous ne pouvions rien faire d'autre que souffler devant lui. *Vous* comprendrez, monsieur Dugdale ?

«Tout à fait», dis-je.

« C'est arrivé épais, » continua-t-il, parlant avec intensité et dans un discours profond, clair et fort, « avec une petite houle venant de l' est et un vent frais chantant dessus. J'étais à l' enfer dans l'après-midi et Ruddiman dormait tout près de l'écoutille secondaire. J'étais somnolent faute de repos, et il y avait assez de sommeil dans mes yeux pour me faire voir très mal. Soudain, en regardant devant moi, j'aperçus une sorte d'ombre blanchâtre, et même pendant que je la regardais en me demandant si c'était de la vapeur ou de l'eau blanche, elle prit la forme d'une île basse de corail avec des bouquets d'arbres ici et là et un petit montée de terre verdâtre au milieu de celui-ci. J'ai mis l' enfer dessus et j'ai appelé Ruddiman, qui se lève d'un bond et jette un œil. « Un rivage mort sous le vent, Braine », dit-il ; « Que faut-il faire ? Il n'y a pas de griffes sous cette toile. Que *fallait*- il faire ? La terre se trouvait dans une étendue de récif tout le long de notre travers, la tête du brigantin retombant à nouveau sous la traînée de la voile d'avant, malgré le fait que le hellum soit dur. En moins de vingt minutes, il a heurté, a été emporté par la houle, s'est échoué durement et est resté fixé sur sa cale, son pont étant incliné vers la plage qui se trouvait à un saut facile du bastingage.

Il s'interrompit, s'approcha d'une manière agitée et fiévreuse, ouvrit et tira un tiroir, regarda quelque chose à l'intérieur, puis ferma le tiroir d'un mouvement convulsif du bras et tourna la clé. Je souhaitais maintenant de tout cœur qu'il en mette un terme. Au fond, le conte n'était qu'un récit banal de souffrances marines, à peine relevées de l'insipidité par la singularité du personnage qui le récitait. Mais ce n'était pas tout à fait ça. J'avais constamment peur du prochain comportement qu'il pourrait manifester, et mon inquiétude était considérablement accrue par l'air mystérieux avec lequel il avait examiné le tiroir et l'avait refermé précipitamment, comme pour s'assurer que l'arme qu'il avait rangée il y avait encore à sa place. Après avoir fermé le tiroir, il réfléchit un peu, puis, prenant sa Bible sur la table, il s'approcha de moi avec.

'M. Dugdale, s'exclama-t-il, avant de pouvoir continuer, je dois vous demander d'embrasser ce livre sous serment. Prends-le!' s'écria-t-il avec une soudaine férocité ; "Tiens-le, et maintenant suis-moi."

« Arrêtez-vous une minute », dis-je ; « Vous me racontez une histoire que je n'ai vraiment aucune envie particulière d'entendre. Vous n'avez pas le droit d'exiger de moi un serment sur une question qui ne peut pas m'intéresser dans le moindre décret.

«Cela va venir», dit-il dans une note de corbeau; vous serez intéressé d'ici peu. Prêtez serment, monsieur, ajouta-t-il avec un regard sombre.

« Mais quel serment, homme, quel serment dois-je prêter ?

« Puisque le Seigneur vous écoute maintenant, vous ne divulguerez jamais à une créature mortelle le secret que je vais vous dire, alors Dieu vous aide : et si vous rompez votre serment, puissiez- vous être frappés à mort sur le moment. de cela, et votre âme chassée jusqu'aux portes mêmes de l'enfer. Alors aidez Dieu, encore une fois !

Je le regardais avec étonnement et peur. Aucune plume ne pouvait exprimer son attitude lorsqu'il prononçait ces mots - le feu sourd qui entra dans ses yeux et semblait les élargir encore, la note solennelle que prenait sa voix grave et tremblante, mais distinctement claire - son air de commandement qui avait la force d'un Il y avait une menace alors qu'il se tenait debout devant moi, les narines larges, le visage crasseux, un bras me tendant le petit volume, l'autre pendant à son côté, les doigts serrés.

«Je n'ose pas prêter ce serment», dis-je après un petit moment de réflexion, tous les nerfs en moi étant tendus, pour ainsi dire, prêts à me défendre s'il m'attaquait. « Miss Temple demandera certainement de quoi a porté notre conversation ; Je ne m'engagerai pas à lui garder le silence, monsieur. Gardez votre secret. Ce n'est pas trop tard. Votre récit est celui d'un naufrage, et jusqu'à présent il n'y a rien à trahir.

Sur ce, je me levai.

'Arrêt!' il s'est excalmé; 'vous pouvez le dire à la dame. Il n'y a aucune objection à y faire. Je vois à quel point cela se situe entre vous et elle, et je ne suis pas assez raisonnable pour penser qu'elle ne pourra jamais vous convaincre. Non. Vos intérêts seront les siens, et bien sûr, elle nous suit. "C'est à mon équipage que je pense."

J'étais horriblement perplexe. En même temps, la curiosité grandissait en moi ; et avec la rapidité de ma pensée, je réfléchis que, que j'aie ou non son secret, ce serait du pareil au même ; il était assurément fou dans ce sens, sinon dans d'autres ; et ce ne pouvait être rien d'autre qu'une idée insensée qu'il avait eu en tête de nous communiquer et qui valait la peine d'être entendue ne serait-ce que pour s'en souvenir comme d'un incident de cette aventure lorsque Miss Temple et moi aurions dû nous éloigner de la barque .

'M. Dugdale , vous jurerez, monsieur », s'est-il exclamé.

« Très bien, dis-je ; 'mais dites-le un peu plus doucement, s'il vous plaît. Laissez de côté les portes de l'enfer, par exemple ; ou voyez, permettez-moi de jurer à ma manière. Donne moi ce livre.'

J'ai remarqué que sa main tremblait violemment lorsque je lui prenais le volume.

« Je jure, dis-je, de garder le secret pour tous les mortels de ce monde, en sauvant Miss Temple, quoi que vous ayez l'intention de me dire maintenant.

Alors aide-moi, mon Dieu », et j'ai porté le livre à mes lèvres. « Ce serment exclut votre équipage, ajoutai-je, et j'espère que vous êtes satisfait ?

Son visage prit un peu de vie, et il sourit presque.

« Ça ira ... oh oui, ça ira », s'est-il exclamé. « Je savais que je pouvais compter sur toi. Maintenant, c'est parti.

Il reprit sa place et, se penchant vers moi, ses yeux fixes fixés sur mon visage comme d'habitude, il procéda ainsi.

CHAPITRE XXX
LE CAPITAINE FAIT UNE PROPOSITION

'M. Ruddiman et moi sommes descendus à terre et avons marché un peu sur la plage pour voir dans quel genre d'endroit nous avions été rejetés. C'était une petite île, longue de deux à trois milles, et large d'environ un mille au milieu. Il n'y avait aucun indigène en vue . Nous pourrions être sûrs qu'il était inhabité. Il n'y avait rien à manger dessus, et bien que nous passions des heures jusqu'à la nuit tombée à chercher de l'eau fraîche, nous n'en trouvâmes aucune. Cela nous a décidés à faire atterrir tout ce que nous pourrions hors du brigantin lorsque le jour devrait arriver. Le temps s'éclaircit à minuit, les étoiles brillèrent et la mer s'adoucit avec une légère houle du nord-ouest, que la tendance du récif repoussa et laissa l'eau autour de l'embarcation échouée calme. Dès que le jour parut, nous montâmes à bord et fixâmes un fouet sur la vergue avant, et à midi nous avions débarqué suffisamment de provisions, ainsi que de l'eau fraîche, des vins et des spiritueux dans des jarres, pour deux hommes pendant trois mois ; mais cela ne nous a pas satisfait. Il n'y avait aucune autre terre en vue à l'horizon ; nous étions sans bateau ; et cependant, si le navire se brisait, nous étions décidés à nous tourner vers lui et à en sauver autant que possible ce qui pourrait s'échouer sur le rivage, afin d'avoir à portée de main les matériaux pour un radeau s'il devait y arriver. , nous n'avions pas le cœur d'en parler alors, au milieu de ce vaste océan, avec un soleil qui brillait au-dessus de nos têtes toute la journée, et la probabilité sûre d'une première rafale ou d'un sale coup. le temps qui pourrait survenir nous noierait . Nous avons donc continué à déployer tout ce que nous pouvions. Nous sommes sortis de la cale et sommes entrés dans la cambuse , et après y avoir fait un peu de dégagement, nous sommes tombés sur trois coffres lourdement cadenassés et serrés avec du fer. "Qu'est ce qu'il y a ici?" dit M. Ruddiman . « Si ce ne sont pas des coffres au trésor semblables à ceux que les marchands espagnols envoient de l'or le long de la côte, mes yeux ne sont pas des amis », dit-il. Il s'éloigna vers le coffre du charpentier, revint avec un corbeau et un gros marteau, lâcha un des cadenas et arracha une agrafe. Nous soulevâmes le couvercle et trouvâmes le coffre rempli de pièces d'or espagnoles. Les deux autres étaient les mêmes, remplis d'or frappé ; et nous avons estimé que dans les trois coffres il ne pouvait y avoir moins de monnaie anglaise que cent quatre-vingts à deux cent mille livres ! Il ne fallait pas le manipuler dans les coffres ; nous en avons donc fait des parcelles dans des emballages en toile ; et au moment où le crépuscule s'est couché, nous en avions atterri tous les fardens .

Une fois de plus, il s'interrompit et se dirigea vers le tiroir. Je l'observais avec une profonde anxiété, incapable d'imaginer ce qu'il allait produire, et rassemblant toutes mes facultés, pour ainsi dire, prêt à tout ce qui allait arriver. Il ne sortit cependant du tiroir rien de plus inquiétant qu'un morceau de parchemin plié, autour duquel était attaché du ruban adhésif vert. Il l'ouvrit avec des mains tremblantes, lissa la feuille de parchemin sur la table et m'invita à m'approcher. Le contour, formé d'épais traits d'encre, représentait une île. Sa forme ressemblait en quelque sorte à une bouteille dont le goulot était cassé. Il s'étendait plein nord et sud selon les points cardinaux marqués à la main sur le parchemin ; et vers l'extrémité nord, du côté est, il y avait une échancrure assez spacieuse, signifiant, à ce que je supposais, une lagune. Sur la face de ce contour se trouvaient un certain nombre de croix irrégulièrement parsemées pour exprimer la végétation. Au centre du lagon se trouvait une tache noire semblable à une petite tache d'encre, avec une flèche pointant vers une autre petite tache au cœur de l'île, orientée plein est à partir de la marque dans le retrait ou la lagune. Dans le coin de la feuille de parchemin étaient écrits d'une écriture audacieuse les chiffres : Long . 120° 3' O. ; Lat. 33° 6' S.

«Voici», dit-il d'une voix vibrante d'excitation et d'émotion, «c'est l'île.» J'ai incliné la tête. « Vous voyez comment cela se passe, monsieur, » continua-t-il en désignant d'un index tremblant la latitude et la longitude de l'endroit dans le coin. « L'île de Pâques se trouve plein nord-est . Ce sera le terrain le plus proche. Supposons que vous partiez de Valparaiso, une route plein ouest-sud vous conduirait jusqu'au récif.

J'ai attendu qu'il continue. Il s'éloigna d'un pas, pour pouvoir garder ses yeux sur mon visage, tout en continuant à maintenir son index tremblant appuyé sur sa petite carte.

« Nous avons convenu d'enterrer l'or », a-t-il déclaré ; « de le cacher quelque part où nous pourrions le trouver facilement lorsque nous viendrons le chercher, si tant est que la Providence nous permette un jour de sortir avec nos vies de ce récif dénué de ressources. Voyez-vous ce creux, M. Dugdale ?

« Un lagon, je suppose ? » dis-je.

'Oui. Cette marque au milieu du navire (il tourna ses yeux noirs et morts vers la carte) représente un pilier de corail environ deux fois plus épais que mon grand mât, s'élevant hors de l'eau jusqu'à environ quatorze pieds. Nous avons estimé qu'il n'y avait aucune force dans la nature en dehors d'un tremblement de terre pour niveler un tel puits, et M. Ruddiman et moi avons pris cela pour une marque. Nous avons posé la boussole du brigantin, et après avoir touché un bouquet d'arbres, nous avons découvert qu'ils se dirigeaient vers l'est aux trois quarts au sud de ce pilier de corail. Nous nous sommes fixés sur un arbre, et après avoir essayé encore et encore , nous sommes arrivés à exactement deux cent huit pas du courant de l'eau dans la courbe de la lagune. C'est là que nous avons enterré l'argent, monsieur.

« Et le voilà maintenant, je suppose ? dis-je.

« Dur pour deux cent mille livres », s'écria-t-il, laissant les mots s'échapper de ses lèvres comme s'ils étaient du plomb. « Pensez-y, monsieur. »

Il replia la feuille de parchemin, toujours d'une main très tremblante, la replaça dans le tiroir qu'il ferma à clef ; puis, après m'avoir regardé fixement pendant un petit moment, une expression d'énergie est apparue sur son visage, et il a semblé s'animer des yeux jusqu'aux orteils.

« Tout cet argent est à moi, dit-il, et je veux que vous m'aidiez à le récupérer.

'JE!'

« Oui, vous, M. Dugdale . Toi et moi, nous le ferons entre nous. Et je vais vous dire comment, si vous m'écoutez.

« Mais, mon cher monsieur, m'écriai-je, je suppose que vous vous souvenez que vous avez fait la promesse solennelle à Miss Temple et à moi-même de nous transférer sur le premier navire de retour que nous rencontrerons.

«Je n'y peux rien», cria-t-il avec une pointe de férocité dans ses manières. « Il y a cette fortune ici à récupérer en premier. Une fois que nous l'aurons, nous ne serons plus à la maison.

Allons, pensai-je, je dois être cool et apparemment insouciant.

« C'est très gentil à vous, capitaine Braine, de souhaiter que je participe à ce trésor ; mais en réalité, mon cher monsieur, je n'ai aucun droit sur aucune part ; d'ailleurs, je suis un homme indépendant, et ce que je possède est tout à fait ce dont j'ai besoin.

« Vous ne le refuserez pas quand vous le verrez », s'est-il exclamé. « L'argent, c'est de l'argent ; et dans ce monde-ci, où l'argent signifie tout, l'amour, le bonheur, le plaisir, tout ce que vous pouvez nommer, quel est l'homme qui ose me dire qu'il peut en obtenir trop ?

«Mais vous n'avez pas terminé votre histoire», dis-je, m'efforçant avec acharnement de paraître croire à chaque mot des conneries folles qu'il venait de communiquer.

«Autant qu'il est nécessaire», dit-il. «Je veux venir aux affaires, monsieur. Je pourrais vous faire écouter pendant des heures pendant que je vous racontais notre vie à bord de cette île, comment le brigantin s'est brisé, comment un jour M. Ruddiman est allé nager dans le lagon, et comment une crampe ou une crise l'a emporté, et il a coulé sous mes yeux, n'étant pas un nageur et incapable de lui apporter la moindre aide.

« Et combien de temps êtes-vous resté sur l'île ? dis-je.

« Quatre mois et trois jours. Ce fut un matin que je sortis en rampant de la petite cabane que nous avions nous-mêmes construite à partir des épaves du brigantin qui avaient dérivé sur le rivage, et j'aperçus un petit navire de guerre avec sa toupie à l' envers juste au large de l'île. C'était un bateau d'arpentage Yankee, et un bateau se détachait lorsque je l'ai vu pour la première fois. Ils m'ont embarqué et m'ont débarqué à Valparaiso deux mois plus tard. Mais tout cela n'a rien à voir avec ce dont je veux vous parler. Je dois maintenant récupérer cet argent, et j'ai l'intention de l'avoir, et vous m'aiderez à l'obtenir, M. Dugdale .

"Mais pourquoi as-tu attendu tout ce temps avant de te lancer à la récupération de ce trésor ?" dis-je.

«Je n'ai jamais eu l'occasion de le faire auparavant», répondit-il; mais c'est arrivé maintenant, et je n'ai pas l'intention de le perdre.

« Quel est votre projet ? »

« Aussi facile, s'écria-t-il, que le sera de déterrer l' argent . Je me dirigerai immédiatement vers Rio, et là, je déchargerai tout mon équipage, puis je prendrai quelques coureurs pour conduire le navire jusqu'aux îles Sandwich, où j'embarquerai une petite compagnie de Canaques, en nombre suffisant pour nous aider à naviguer. faire naviguer le *Lady Blanche* vers mon île. Je ne *les* craindrai pas . Les Canaques ne sont pas des Européens ; ils sont aussi simples que des bébés ; et nous pouvons conclure un accord dont ils ne rêveront jamais de prendre note.

J'écoutais avec un degré d'étonnement et de consternation qu'il m'était impossible de cacher en face ; pourtant, j'ai réussi à conserver une voix ferme.

— Mais vous avez une cargaison destinée à Port-Louis, je présume ? dis-je. Vous n'avez pas l'intention de vous enfuir avec ce vaisseau, n'est-ce pas ? car ce serait un acte de piraterie passible de la potence, comme vous le savez, je suppose ?

Il m'a regardé fixement et carrément.

«Je n'ai pas l'intention de m'enfuir avec ce navire», répondit-il; «Je connais mes propriétaires et ce qu'ils vont penser. Ce sera un écart qui n'interférera pas avec la livraison finale de ma cargaison à Port Louis, et je ne pense pas qu'il me faudra beaucoup de temps pour fixer une somme qui rendra mes propriétaires très bien. content du retard, et tout à fait disposé à ce que je recommence dans les mêmes conditions .

« Mais pourquoi désirez-vous m'impliquer dans cette affaire ? M'écriai-je , surpris par l'intelligence que je trouvai dans sa dernière réponse.

« Parce que je peux te faire confiance . Vous êtes un gentleman et vous serez satisfait de la part que nous fixerons. Où puis-je trouver un marin capable de m'aider à naviguer sur ce navire, en qui je puisse avoir une certaine confiance, avec qui je pourrais parler de cela ici avec l' assurance qu'il ne me jouera pas un tour diabolique ? Vous ne voyez *pas* ma position. Monsieur Dugdale ? » cria-t-il avec un air sauvage, presque pathétique, d'empressement et de supplication. «Je ne peux pas réaliser une telle traversée seul. Je dois avoir quelqu'un à mes côtés à qui me confier. Une fois l' argent à bord, nous pourrons nous débarrasser de l'équipage Kanaka et embarquer une compagnie d'hommes blancs pour la traversée vers l'île Maurice. L' or sera à bord, et ce sera mon secret et le vôtre .

Même si je n'ai jamais douté un seul instant que tout cela n'était que l'émission d'un humour fou et figé , j'étais pourtant prêt à continuer à l'interroger comme si j'étais intéressé, en partie pour qu'il puisse me croire sincère dans ma profession de croyance en son histoire. , et en partie pour que je puisse sonder ses intentions jusqu'au fond ; car il était certain que, mensonge ou pas, son imagination d'un trésor enfoui était une réalité profonde pour son pauvre cerveau, et qu'elle l'influencerait, comme si c'était la vérité, Dieu seul savait quelle issue de difficultés et de fatalité et même la destruction pour Miss Temple et moi.

« Je présume, dis-je avec désinvolture, que vos hommes ont signé pour le voyage aller-retour jusqu'à Port-Louis ?

« Eh bien, monsieur ? »

« Comment allez-vous vous en débarrasser à Rio ?

"La moitié d'entre eux courront, et le reste, je saurai par où commencer."

"Mais quelle excuse aurez-vous pour vous rendre à Rio ?"

« Besoin d'un second », répondit-il d'une voix grave et sépulcrale.

Cela me bouleversa encore une fois et me confondit complètement. En effet, je connaissais assez bien la mer pour deviner qu'il avait raison lorsqu'il parlait d'un départ facile de l'équipage à Rio ; et assurément, faute d'un second, il pourrait trouver une raison pour se diriger vers ce port sud-américain, contre lequel il serait impossible à ses matelots de trouver quoi que ce soit à faire valoir, à supposer, chose à ne pas prendre en compte, qu'ils avaient en leur pouvoir d'insister pour qu'il navigue directement vers Maurice.

Mais alors même que je restais assis à le regarder dans un intervalle de silence qui s'abattit sur nous, une pensée me vint à l'esprit qui transforma ce qui était à l'instant une menace sombre et des plus sinistres, en une brillante perspective de délivrance. Dans l'état actuel des choses – surtout maintenant que j'avais son soi-disant secret – je ne pouvais pas me flatter qu'il me permettrait de quitter son navire pour un vaisseau de retour, ou même pour la *comtesse Ida* elle-même, si nous devions la hisser dans l'eau. vue. Par conséquent, ma meilleure chance, peut-être la seule, pour moi et pour la jeune fille qui comptait sur moi pour protection et sécurité doit résider dans ce fou se dirigeant vers un port proche, où il serait vraiment étrange que je ne trouve pas une occasion rapide d'obtenir à terre avec Miss Temple. J'ai vu à l'expression de son propre visage qu'il avait immédiatement remarqué le changement sur le mien. Il tendit la main.

'M. Dugdale , tu vas le divertir ? Je vois que cela grandit sur vous .

«C'est une proposition tout à fait inattendue», dis-je en lui laissant mes doigts tenir. « Je n'aime pas le projet de fuite avec le navire, la déviation, comme vous l'appelez, qui, à mon avis, est un procédé de piraterie. Mais si vous signez un document attestant que j'ai agi sous la contrainte, que j'étais en votre pouvoir et obligé de vous accompagner par suite de votre refus de me transférer sur un autre navire, si enfin vous rédigez quelque instrument signé par vous-même et attesté par Miss Temple qui puisse m'aider à m'absoudre de toute complicité dans cette déviation sotermée , je consentirai à vous accompagner jusqu'à votre île. Mais je dois aussi savoir à quelle part je dois m'attendre ?

« Un troisième », s'écria-t-il fébrilement. « Je vais également mettre cela par écrit sur une feuille de papier séparée. Quant à l'autre document, rédigez-le vous-même, je le copierai et j'y mettrai mon nom, car je n'ai pas la langue pour un tel travail. Il fit une pause, puis dit : « Est-ce réglé ?

« Cela sera réglé, répondis-je, lorsque ces deux documents formels seront établis et signés.

«Cela peut être fait tout de suite», s'écria-t-il, avec une profonde excitation agissant dans tous ses membres et agitant son visage en de nombreux tics singuliers et des dilatations presque convulsives des orbites de ses yeux.

« Laissez-moi réfléchir un peu », dis-je. « Je vais avoir une conversation avec Miss Temple et régler avec elle les termes de la lettre d'absolution que vous devez écrire et signer.

vous prendra-t -il ? » demanda-t-il avec une anxiété douloureuse.

«J'espère être prêt pour vous avant midi demain», répondis-je.

« Très bien, dit-il ; «dès que ce *sera* réglé, je changerai de cap.

Je pris sa carte routière, je l'ouvris et, avec une paire de compas posée sur la table, je mesurai la distance entre le point où nous étions arrivés à midi et Rio. En gros, et en accordant à la barque une moyenne de cent cinquante milles par jour , j'ai calculé que la course prendrait entre dix et douze jours.

« Que cherchez-vous ? » demanda-t-il avec méfiance.

«Pour voir à quelle distance Rio est de nous», répondis-je.

« Eh bien, et qu'est -ce que vous en faites ? »

«Appelez cela quinze cents milles», répondis-je. Il hocha la tête avec une sorte de ruse et d'emphase. « Il n'y a plus rien à dire, je crois ? dis-je en faisant un pas vers la porte.

« Seulement cela », dit-il. « Je *pensais* vous demander de garder ma garde, agissant, comme vous le serez, en tant que mon second, mais après mûre réflexion, je crois qu'il serait préférable d'attendre que nous ayons un nouvel équipage avant de prendre ce devoir. Non pas que les hommes puissent s'opposer à mon appel à Rio sous prétexte que vous êtes à bord et que vous êtes assez bon navigateur pour me sauver mon tour ; parce qu'ils estiment que vous devez être transbordé avec la dame à la première occasion. Mais il sera plus sûr, je vous l'accorde, de rester tel que vous êtes de ce côté-ci de Rio.

« Très bien, dis-je ; "mais je peux continuer à faire des observations si vous le souhaitez."

'Oh oui; il ne peut y avoir aucun mal à cela, répondit-il.

J'ai ouvert la porte.

'M. Dugdale , s'écria-t-il en adoucissant sa voix pour en faire un murmure rauque avec une soudaine expression de véritable folie dans le regard sombre et presque menaçant qu'il me fixait, vous vous souviendrez du serment que vous avez prêté, s'il vous plaît.

« Capitaine Braine, répondis-je avec un air de hauteur, je suis avant tout un gentleman, et mon serment ne fait que suivre ; et, m'inclinant légèrement, je lui fermai la porte.

À ce moment-là, il faisait presque nuit. J'avais à peine remarqué la fin de la soirée dans la cabine du capitaine, tant mon attention était attachée à lui et à ses paroles. En effet, l'homme m'avait retenu une heure dans sa conversation, à cause de ses pauses et de ses intervalles silencieux de regard ; même si la substance de son discours et de notre conversation aurait pu facilement être résumée en un quart de ce temps. Je montai à mi-hauteur des marches voisines, mais ayant soif, je redescendis pour boire dans une cruche posée sur un plateau pivotant. Pendant que je remplissais le verre, mon œil se trouvant à ce moment-là penché paresseusement vers l'arrière, j'observais la porte de la cabine voisine de celle du capitaine Braine s'ouvrir et une tête d'homme se montrait. Celui-ci disparut instantanément. C'était trop sombre pour que je puisse en être sûr. Cependant, l'instant d'après, le jeune Wilkins sortit, devinant sans doute que je l'avais vu et qu'il valait donc mieux se montrer honnête.

J'ai été quelque peu surpris par l'apparition, me demandant si l'homme avait été dans la couchette pendant tout notre entretien, car si c'était le cas, il ne fallait pas douter mais il avait entendu chaque syllabe, car il n'y avait rien entre les cabines qu'une cloison en bois. , et la parole du capitaine avait été singulièrement claire, profonde et forte. Mais un instant de réflexion me convainquit que même s'il avait tout entendu, ses connaissances (à supposer qu'il transmette la nouvelle) ne feraient que contribuer à persuader les hommes que le capitaine Braine était un fou et faciliter tous les efforts que je pourrais avoir à faire pour me délivrer. et Miss Temple de cette situation, si la folie de Braine augmentait et que son imagination folle prenait une nouvelle tournure. Afin que cet individu ne pense pas que je faisais particulièrement attention à sa sortie de cette cabane, je lui ai demandé avec insouciance quand le souper serait prêt. Il répondit qu'il allait maintenant mettre la table ; et sans plus de mots, je montai sur le pont.

C'était une soirée chaude et agréable, avec une série de nuages montagneux mais de beau temps à l'ouest, dont les têtes se gonflaient d'écarlate sous les feux du soleil s'enfonçant dans la mer derrière eux. À l'est, l'ombre était d'un bleu liquide profond, avec les étoiles basses prenant déjà leur place. La brise soufflait doucement sur la poutre tribord, et la barque , recouverte de toile jusqu'à la hauteur de ses camions et jusqu'aux points les plus éloignés de ses bômes à clous de grande envergure , flottait tranquillement et doucement, comme une forme spirituelle de navire. , à travers le mélange tropical riche et tendre de teintures nocturnes et de lumières occidentales.

Miss Temple se tenait près de la rampe, appuyée sur ses bras, regardant apparemment l'eau glisser. Elle s'est redressée lorsque j'ai prononcé son nom.

« Je commençais à craindre que vous ne reveniez plus jamais sur le pont », s'est-elle exclamée en me regardant avec un désir passionné d'enquête. « Depuis combien de temps ! Qu'a-t-il pu trouver à dire pour vous retenir pendant tout ce temps ?

'Doucement!' dis-je en jetant un coup d'œil au vieux Lush, qui patrouillait transversalement à l'avant de la poupe, les mains profondément enfouies dans les poches de sa culotte, et avec un air boudeur dans le tour du dos et dans le creux de la tête. « J'ai entendu des choses étranges. Si tu n'es pas fatiguée, prends mon bras, et nous marcherons un peu. Nous avons moins de chances d'être entendus en plein air que si nous conversions dans le silence de la cabane.

« Vous n'avez pas l'air malheureux », s'est-elle exclamée. « Je m'attendais à vous voir émerger avec un visage pâle et des yeux alarmés. Maintenant, s'il vous plaît, dites-moi tout.

Il y avait quelque chose de presque caressant dans sa manière de me prendre le bras, comme si elle ne pouvait réprimer une petite démonstration de plaisir à m'avoir à nouveau à ses côtés. Elle semblait également trouver du soulagement dans l'expression de mon visage. Elle avait été pleine de sombres pressentiments et mon sourire léger l'a immédiatement apaisée.

Je commençai aussitôt à lui raconter tout ce qui s'était passé entre le capitaine Braine et moi. J'ai réussi à réciter les histoires du capitaine comme si j'y croyais pleinement, en prenant toujours soin de calmer ma voix jusqu'à ce qu'elle ne soit plus qu'un murmure alors que nous nous approchions alternativement du gars au volant et du charpentier à l'autre bout de notre marche pendulaire. Ses beaux yeux brillaient d'étonnement ; jamais sa beauté ne s'est montrée avec autant de perfection à l'animation de l'émerveillement, de l'incrédulité, de l'excitation suscitées par le récit que je lui ai fait.

« Alors *c'est ça* son secret ? s'exclama-t-elle, poussant une inspiration comme un soupir alors que je concluais, m'arrêtant à la rampe pour la regarder avec un sourire. « Je suppose maintenant, M. Dugdale , que vous êtes convaincu qu'il est fou ?

"Parfaitement satisfait."

« Vous ne croyez pas un mot de son histoire ?

"Pas une syllabe."

« Et pourtant, c'est peut-être vrai ! dit-elle.

«Et même alors, je ne le croirais pas», répondis-je.

« Vous a-t-il expliqué comment il se faisait que tout cet or était caché dans un pauvre navire comme le brigand espagnol, un brick, comme vous l'appelez ? » demanda-t-elle, sa curiosité de femme dominant pendant un moment toutes les autres considérations qui pourraient découler de ce fil.

«Non», dis-je ; et je ne demanderais pas non plus. C'est se donner du mal inutilement pour disséquer la trame d'un rêve.

« Pauvre misérable ! Mais comme c'est affreux d'être sur un vaisseau commandé par un fou ! Quel but a-t-il de vous révéler ce secret ?

« Il veut que je l'aide à récupérer le trésor ; » et j'ai ensuite raconté les propositions de l'homme.

Elle me regardait avec une telle inquiétude que j'imaginais que sa peur l'avait rendue sans voix.

« Vous me dites, s'écria-t-elle, que vous avez consenti à naviguer avec lui vers son île dans… dans… le Pacifique ? Êtes-vous aussi fou que lui, M. Dugdale ? Oublies-tu que je compte sur toi pour me protéger et m'aider à rentrer chez moi ?

Ses yeux brillaient ; le rouge montait à ses joues, sa poitrine se soulevait et s'abaissait au gré d'un soudain coup de colère.

«Je suis surpris que vous ne compreniez pas mes motivations», m'exclamai-je. «Bien sûr, j'ai fait semblant de partager son point de vue. Mon désir est d'arriver à Rio le plus tôt possible et de partir avec vous pour l'Angleterre.

« À Rio ? Mais je ne vais pas à Rio !' elle a pleuré. « Le capitaine a solennellement promis de me mettre à bord du premier navire qui rentrerait chez lui. Pourquoi n'avez-vous pas insisté pour qu'il tienne parole ? s'exclama-t-elle en se redressant au maximum et en me dominant avec un regard étincelant.

«Il ne va pas nous transborder maintenant», dis-je. «Je suis comme Caleb Williams. J'ai son secret et il ne me perdra pas de vue.

« Oh, quel misérable jugement ! s'exclama-t-elle. « Vous avez peur de lui ! Mais s'il était dix fois plus fou qu'il ne l'est, je le *contraindrais* à tenir parole. Rio en effet ! Il nous mettra à bord du premier navire que nous rencontrerons, et je le lui dirai quand je le verrai.

« Vous ne ferez rien de tel, dis-je. Si vous ouvrez les lèvres ou si vous laissez votre colère s'interposer entre moi et tout projet que j'ai formé, je me laverai les mains de toute responsabilité. Je ne lèverai pas le petit doigt pour nous aider. Il nous emmènera où bon lui semble.

« Comment peux-tu me parler avec autant de cruauté ! Je n'ai plus d'autre ami que toi maintenant, et tu te détournes de moi et tu me fais me sentir complètement seul.

« Je suis tellement votre ami, dis-je, que je n'ai pas l'intention que vous m'aliéniez. Mon jugement me servira mieux que le vôtre dans ce dilemme. Je sais exactement ce que je fais et ce que j'ai l'intention de faire, et vous devez vous taire et obéir à mes souhaits.

"Oh, je devrais te détester à tout autre moment pour m'avoir parlé comme ça!" s'exclama-t-elle. « Il fut un temps… Je n'irai *pas* à Rio ! Il a promis de nous mettre à bord d'un bateau pour rentrer chez nous.

« Mademoiselle Temple, vous parlez de manière intempérante. Vous êtes d'humeur déraisonnable et je ne vous parlerai pas. Nous reprendrons le sujet tout à l'heure ; et je me retournai à demi, comme pour m'en aller, fredonnant un air entre mes dents.

Elle m'a saisi le bras. 'Tu ne dois pas me quitter. J'ai été assez longtemps seul. Je crois que vous me rendrez aussi fou que le capitaine.

« Je vous verrai d'abord sain et sauf en Angleterre, dis-je, et ensuite vous deviendrez fou.

Les larmes lui montèrent soudain aux yeux et elle se tourna vers la mer pour cacher son visage. Je m'éloignai, mais avant d'avoir mesuré une demi-douzaine de pas, sa main était de nouveau sur mon bras.

« Je suis désolée, dit-elle doucement en baissant sa tête majestueuse, si j'ai dit quelque chose qui puisse vous vexer.

« Je ne désire qu'un seul but, dis-je, et c'est votre sécurité. Pour y parvenir, il suffit d'un peu de tact de votre part et d'une résolution de me faire confiance.

«Je te fais confiance», s'écria-t-elle; mais est-ce que je manque complètement de cervelle pour que vous ne me permettiez pas d'exprimer une opinion, voire même d'exprimer un regret ?

« Vous ne pourriez rien faire avec ce marin fou, dis-je. Rio est à quinze jours de navigation, et notre sécurité dépend de notre arrivée.

'Une quinzaine de jours!' s'écria-t-elle, encore quinze jours sur cet horrible navire !

'Oui ; mais l'Angleterre est bien loin de là où nous en sommes. Si vous montiez à bord d'un autre navire, vous pourriez être aussi mal à l'aise qu'ici, à moins qu'il ne s'agisse d'un bateau à passagers avec des dames à son bord. Une quinzaine de jours de plus ou de moins ne pouvait pas signifier. À Rio, vous pourrez acheter les articles dont vous avez immédiatement besoin, et il y aura un choix de navires pour nous ramener confortablement chez nous.

« Je crois que vous avez raison », dit-elle après une petite pause, avec un peu de timidité dans le regard qu'elle posa sur mon visage. «J'ai été choqué et rendu irritable par l'alarme. Je suis désolé, M. Dugdale .

La réponse que j'étais sur le point de faire fut vérifiée par Wilkins nous appelant depuis le chemin du compagnon pour nous dire que le souper était prêt.

CHAPITRE XXXI
LA FORME DE L'ACCORD

Le capitaine n'arrivait pas et nous avions la table pour nous seuls. Miss Temple était calme et ses regards étaient presque nostalgiques. Cela ne me faisait que peu de plaisir de l'humilier ou de triompher d'elle de quelque manière que ce soit ; mais j'avais décidé d'être le maître pendant que nous étions ensemble, et de ne pas épargner ses sentiments dans mes efforts pour m'affirmer ; et je puis ajouter ici que j'avais résolu, s'il plaisait à Dieu de nous préserver, de faire de cette noble et belle femme mon épouse. Car je l'aimais maintenant, mais si secrètement, que mon amour était à peine comme une passion, même pour ma propre raison ; et la conclusion que j'avais tirée était que le seul chemin vers son cœur se trouvait derrière l' armure de son orgueil, qui devait être brisée et démolie si jamais je voulais gagner son affection. Et bien sûr , j'en étais aussi ; qu'elle faisait partie de ce genre de femmes qui ont besoin d'être courbées par une main forte dans une posture de soumission avant de pouvoir être gagnées.

Nous parlions très peu ; la cabine du capitaine n'était pas loin, et le fait de savoir qu'il s'y trouvait nous tenait très taciturnes. Cependant nous rattrapâmes notre silence après avoir soupé et regagné le pont. Elle devait maintenant être facilement convaincue que notre meilleure chance de nous échapper de cette barque était que je trompe le capitaine jusqu'au bout, afin qu'il puisse nous transporter à Rio ; et bientôt elle parla même gaiement de nos perspectives, me demandant, en riant à moitié, comment nous allions nous débrouiller pour avoir de l'argent à notre arrivée à Rio, si j'avais des amis là-bas, etc.

« Voilà mes bijoux, dit-elle ; mais je serais vraiment désolé de m'en séparer.

« Cela ne sera pas nécessaire », dis-je. « J'ai quelques billets de banque dans ma poche qui, je pense, peuvent suffire. Il y a un consul anglais, je suppose, à Rio, et il nous conseillera.

De telles paroles la réconfortaient merveilleusement. Cela lui donnait quelque chose de joyeux et d'espérant à quoi penser ; en fait, avant de descendre, elle m'a dit qu'elle préférait maintenant l'idée de se rendre à Rio au vieux projet de monter à bord d'un navire à destination de l'Angleterre.

« Je pourrai acheter quelques commodités, dit-elle ; « alors que je pourrais être transféré sur un horrible petit navire qui prendrait des semaines à ramper le long de la mer, et pendant tout ce temps, je serais aussi mal loti que maintenant. Les dames d'Amérique du Sud s'habillent-elles de façon pittoresque, le savez-vous ? J'aimerais être habillé de façon romantique à mon arrivée à la maison. Comme ma très chère mère me regarderait ! Quelle couleur un long voile espagnol et une robe d'une mode singulière donneraient au récit de nos aventures.

Et ainsi elle a parlé.

C'était une nuit très calme et belle , avec la lune, vieille de quelques jours, qui se couchait à l'ouest. La brise maintenait tout silencieux en altitude ; un murmure comme celui de la pluie d'une fontaine flottait du côté tandis que le corps blanc de la petite barque glissait à travers les eaux sombres débordant d'une ligne noire et ferme jusqu'au ciel pailleté de l'horizon. Le capitaine était arrivé sur le pont à huit heures, mais il restait à l'arrière de la poupe et ne s'adressait pas une seule fois à nous, restant souvent immobile pendant dix minutes à la fois, jusqu'à ce qu'il ressemble à une statue d'ébène près de la bastingage flottant doucement vers le haut et contre les étoiles aux délicates révérences de son petit navire. Il me sembla cependant remarquer, sans y prêter beaucoup d'attention, une indisposition de la part du quart sur le pont à s'enrouler pour ses siestes habituelles de beau temps. De temps en temps, quoique faiblement, un bourdonnement de voix s'élevait de l'ombre noire sur le pont, devant la cuisine. Un jour, un homme alluma une allumette au phosphore pour allumer sa pipe, et un petit groupe de visages montra pour ainsi dire l'éclair de la flamme, tandis qu'elle s'élevait et s'abaissait sous l'effet de la succion de l'homme ; mais je n'y trouvai rien qui pût retenir mon attention, si ce n'est que je me souviens avoir demandé à Miss Temple de remarquer l'effet étrange produit par l'apparition de ces visages au milieu du crépuscule ; car on ne voyait *qu'eux* et aucune autre partie des corps des hommes.

Nous avons marché vers le compagnon pour quitter le pont. Je ne savais pas si je devais ou non dire bonsoir au capitaine, tant sa posture immobile l'exprimait absorbé dans ses pensées. Mais tandis que Miss Temple posait le pied sur les marches, il s'écria doucement : « Allez-vous vous coucher ?

« Oui, capitaine, répondis-je, et nous vous souhaitons une très bonne nuit . »

'Une minute!' il a chanté et est venu vers nous. Il sembla scruter le visage de Miss Temple, qui n'apparaissait que comme une faible lueur dans la lumière des étoiles, la lune étant alors tombée, et s'adressant à moi, il s'écria d'une voix légèrement au-dessus d'un murmure : « Je suppose que vous avez tout dit à la dame. , M. Dugdale ?

«Oui», répondis-je; "Mon serment l'a permis, vous savez."

« Certainement, dit-il. « C'est une grande opportunité de gagner de l'argent, mem. Vous en savez plus que la femme de mon propre sein n'en soupçonne . En tant que Dieu mon Sauveur , je n'ai jamais ouvert la bouche à Mme Braine à propos de cet argent .

« J'avais espéré que vous m'auriez transféré sur un navire de retour », a déclaré Miss Temple.

« Tu ne veux pas être séparé d'un amoureux, n'est-ce pas ? » il s'est excalmé.

C'était un coup pour la faire taire complètement. Je crois qu'elle n'avait parlé que par finesse, afin que le capitaine puisse la supposer aussi sincère que moi dans sa croyance à son histoire ; mais ce mot *chérie* fut comme un éclair. Ce que son visage aurait montré s'il y avait eu suffisamment de lumière pour le voir, je ne pouvais qu'imaginer.

« Il se fait tard, capitaine ; bonsoir, lui dis-je, la plaignant du désordre et du désordre dans lesquels je savais qu'elle se trouverait.

« Avez-vous réfléchi aux termes de cette lettre dont nous parlions ? a-t-il dit.

« Oui », répondis-je. « Je rendrai visite à votre cabane après le petit-déjeuner et je l'écrirai.

« Très bien, monsieur. Cela et aussi l'accord sur le partage de l'argent. J'aurai envie de déplacer mon enfer pour Rio demain.

Il nous a quittés et nous sommes descendus en silence, et Miss Temple ne m'a pas dit un mot pendant que nous nous dirigions vers nos sombres quartiers profonds, sauf pour me souhaiter une bonne nuit.

J'ai bien dormi et je me suis levé le lendemain à sept heures pour prendre un bain de tête ; car, comme dans l'Indiaman, ainsi dans cette barque, et ainsi, en effet, dans la plupart des navires de cette époque, il y avait une petite pompe fixée à la proue pour laver les ponts de la partie avant de l'embarcation. C'était une matinée très gaie et brillante, une brise fraîche environ un point avant le travers tribord, et le *Lady Blanche* s'y déplaçait à une allure fulgurante avec ses royales et son hunier aurique à l'intérieur, et tout le reste sauf le foc volant à l'extérieur. L'eau était d'un bleu riche et roulait sous la neige ; les ombres violettes des nuages gonflés, couleur de vapeur, balayaient les lignes ondulantes de l'océan et, par leurs alternances de soleil, formaient un véritable prisme du vaste disque palpitant des profondeurs. À environ deux milles derrière se trouvait une grande goélette, titubant sur une route vers l'ouest, si près qu'elle semblait regarder dans l'œil même du vent et plongeant la proue dessous avec une ébullition constante d'écume tout autour de sa tête. Au moment où j'ai pris mon bain, elle n'était qu'un simple éclat de blanc sur le bleu venteux de notre quartier météorologique.

Il y avait quelques matelots qui faisaient le ménage sur les ponts, et tandis que je les croisais sur le chemin menant à la cabine, je ne pus manquer de remarquer qu'ils me regardaient avec un degré d'attention que je n'avais jamais remarqué chez eux auparavant. Leurs regards étaient pleins de curiosité, avec quelque chose de presque impudent dans le regard audacieux de l'un ou deux d'entre eux. Qu'est-ce que cela peut signifier, pensai-je, sinon que le camarade Wilkins a entendu tout ce qui se passait entre le capitaine et moi, et qu'il a porté la nouvelle dans le gaillard d'avant ? Tant mieux, pensai-je ; car si le capitaine venait à deviner que ces hommes détenaient son secret, ces soupçons devraient le durcir dans sa folle résolution de transporter immédiatement la barque à Rio pour se débarrasser de son équipage.

Lorsque Miss Temple sortit de sa couchette, il y eut une touche momentanée de timidité et même de confusion dans ses manières ; puis une expression rieuse apparut dans ses yeux. Tandis que nous nous rendions à la cabane, nous échangâmes quelques banalités sur la météo. Elle s'est un peu réchauffée lorsque je lui ai parlé de la noble brise et de la belle allure de la barque , et lui ai assuré que le port le plus éloigné du monde ne pourrait jamais être loin pour les gens à bord d'une quille aussi clipper que celle-ci. Le capitaine nous rejoint à la table du petit-déjeuner. Je pensais qu'il avait l'air inhabituellement hagard et pâle, apparaissant comme un homme après une longue période d'âpre conflit mental. Ses yeux semblaient d'une taille surnaturelle, et d'un noir plus terne et plus mort que celui que mes souvenirs leur trouvaient habituel. Il ne parlait que pour répondre aux vaines questions de conversation que l'un ou l'autre d'entre nous lui posions. J'ai observé qu'il buvait avec soif et mangeait peu, et qu'il posait parfois son front sur sa main comme pour y calmer une douleur. Pourtant, si terne qu'était son regard, il était singulièrement avide et dévorant dans sa fermeté. Il était sur le pont depuis quatre heures, nous a-t-il dit, et n'avait pas fermé les yeux au cours des quatre heures précédentes de son quart en bas.

«Je dors peu maintenant», dit-il avec un long soupir tremblant.

« Cette goélette à l'arrière ce matin, dis-je, avait l'air d'être en route quelque part du côté de Rio.

Il répondit par un sourd signe d'indifférence.

« Avez-vous déjà été à Rio, capitaine Braine ? » demanda Miss Temple.

« Non, moi. »

« Je suppose que je trouverai facilement un bateau là-bas pour me ramener chez moi ? dit-elle.

Il l'a regardée puis moi; puis il dit en la regardant de nouveau : « Tu ne veux pas l'accompagner ? m'indiquant d'un coup de tête latéral.

Ses yeux cherchaient conseil dans les miens.

« Ce sera une question à discuter entre vous et moi, capitaine, dis-je. Avec toute la déférence que je dois à Miss Temple, vous en viendrez peut-être à penser que la présence d'une dame ne pourrait que nous encombrer dans un tel travail. comme nous l'avons en main.

« Oui, mais elle a mon secret ! » dit-il vivement et chaleureusement.

« Votre secret est le mien, et mes intérêts sont les siens, vous le savez ! » M'écriai-je.

« Quelles sont les relations entre vous ? » Il a demandé.

Une rougeur envahit le visage de Miss Temple et ses yeux tombèrent.

« Posez-moi cette question tout à l'heure, capitaine, dis-je en riant.

Il continuait à nous dévisager lentement l'un ou l'autre, mais restait silencieux.

Wilkins entra avec une cafetière. J'ai observé furtivement mais attentivement son visage de veau sans expression ; mais j'aurais tout aussi bien pu explorer la plante de son pied pour avoir des indices sur ce qui se passait dans son esprit. Il allait et venait rapidement. En fait, son habitude d'attendre consistait simplement à placer nos repas sur la table, puis à s'attarder sur le gaillard d'arrière, à l'écoute de la voix du capitaine, si on le recherchait.

Bientôt, le capitaine se leva.

« J'ai établi ce document contre les actions, dit-il ; « Peut-être pourriez-vous maintenant venir avec moi et concocter la lettre que vous voulez que je signe.

«Très bien», répondis-je; « Miss Temple doit être témoin de votre signature, et vous lui permettrez de nous accompagner ?

En réponse, il lui adressa un de ses étonnants saluts, et nous allâmes tous les trois dans sa cabine. Il ouvrit le tiroir qui contenait la carte de son île et en sortit une feuille de papier, très bizarrement griffonnée.

« J'ai inventé cela hier soir, dit-il ; « Je veux voir si ça va faire l'affaire, M. Dugdale . Si c'est le cas, je le signerai et vous pourrez m'en dresser une copie pour ma propre garde.

« Miss Temple devra également en être témoin, dis-je, je vais donc le lire à haute voix :

" Barque *Dame Blanche* .

En mer (*telle ou telle date*).

Moi, John Braine, maître de la barque *Lady Blanche* , je suis par la présente d'accord avec Dugdale , écuyer, qu'en contrepartie de son service en tant que chef d'officier pour un voyage vers une île située dans l'océan Pacifique Sud, 83° 16' de latitude sud et 120° 3' de longitude ouest, sans nom, mais orienté plein sud-ouest de l'île de Pâques, lointaine ; Je dis qu'en contrepartie de votre aide à faire naviguer ce navire jusqu'à cette île-là, et de là jusqu'à Port Louis dans l'île Maurice par la suite, ledit John Braine s'engage par la présente à donner et à sécuriser ledit Dugdale , Esquire, par cet instrument, comme en témoigne, un tiers entier de l'argent se trouve actuellement enfoui dans ladite île, dont le montant, selon le calcul autorisé, est en pièces espagnoles de 180 à 200 000 livres.

Soyez témoin de ma main et de mon sceau.

Cela m'a coûté un effort prodigieux pour garder mon visage pendant que je lisais, aussi tragique que fût la signification de ce document absurde pour Miss Temple et moi-même, comme condition, pour ainsi dire, de l'aventure extraordinaire que le destin nous avait lancé . Je n'osais pas la regarder de peur d'éclater de rire. Les yeux étranges de l'homme étaient fixés sur moi.

« Rien ne pourrait être mieux », dis-je. « Maintenant, monsieur, si vous voulez bien le signer, et je vous demanderai, Miss Temple, d'en être témoin.

Il se tourna pour s'asseoir ; le regard de la jeune fille rencontra le mien ; mais Dieu sait qu'il n'y avait aucune trace de gaieté sur *son* visage. Elle était incolore et agitée, même si je pouvais percevoir qu'elle maîtrisait bien ses émotions. Le capitaine signa son nom avec un grand bruit de grattage de sa plume, puis fit place à Miss Temple, dont la main tremblait légèrement en apposant sa signature sur le précieux document. C'était maintenant mon tour ; en quelques minutes, j'avais griffonné une forme de lettre qui m'était adressée me garantissant l'immunité contre tous les périls juridiques qui pourraient résulter de la déviation pirate de son voyage par le capitaine. Il l'a également signé, et Miss Temple y a ensuite mis son nom comme témoin.

« J'en prendrai des copies, dis-je, à midi, après vous avoir aidé à faire le point.

« Je vous demande pardon, s'écria-t-il en me faisant faire un pas vers la porte ; « Je serais heureux de connaître les relations entre vous et cette jeune dame ? Ce n'est pas par curiosité que je demande. Elle a mon secret, monsieur ; et il se redressa.

«Nous étions des compagnons de voyage», répondis-je en jetant un regard latéral à la jeune fille, dont l'expression était celle du dégoût et de la détresse.

« Il n'y a rien de proche là-dedans, » dit-il : « Je comptais sur vous comme étant des amoureux, sur le fait que vous lui teniez compagnie et que vous vous marieriez lorsque l'occasion se présenterait, quand je vous ai dit qu'il n'y avait aucune objection à ce que vous révéliez mon secret. à elle.'

« Nous sommes amoureux », répondis-je en souriant et en prenant la main de la jeune fille ; « et *quand* l'occasion se présentera », ajoutai-je en accentuant légèrement le « quand » pour *son* oreille seule, « nous nous marierons, capitaine, et j'espère vous voir danser à notre mariage et profiter de bon cœur du divertissement qui, il n'aura pas besoin de la totalité de ma troisième part pour fournir.

Miss Temple ne pouvait pas se contenir ; elle poussa un petit rire hystérique.

« Dommage que vous n'ayez pas pu me le dire tout de suite », s'écria le capitaine en me regardant sévèrement ; « mais, poursuivit-il tandis que son visage se détendait légèrement, il y a toujours de la sensibilité dans l'amour tant qu'il reste jeune. Je vous suis reconnaissant, moi, pour votre visite.

J'ai ouvert la porte et j'ai suivi Miss Temple dehors.

«Je suis d'avis qu'il n'est pas si fou qu'il le paraît», dis-je.

Elle détourna son visage rouge avec un peu de hauteur. Peu importe, pensai-je ; c'est un sujet qui va rester.

Nous nous sommes glissés sous le petit auvent de la dunette et nous y sommes allongés toute la matinée. Ses bonnes manières vinrent rapidement à son secours, et notre conversation fut aussi facile, dans un sens, qu'elle aurait jamais pu l'être à bord de l'Indiaman – plus facile, ma foi, de loin ! bien qu'il s'agissait de troubles et d'inquiétudes qui n'auraient jamais pu nous arriver chez la *comtesse Ida*. J'ai observé que M. Lush dirigeait fréquemment ses yeux vers moi alors qu'il arpentait le pont exposé. À mon encontre, il s'était contenté de me répondre un « marning » maussade, et nous ne parlâmes plus. Il semblait incapable de me regarder assez attentivement pour se satisfaire sans devenir offensant en me regardant.

« J'espère que ce type, murmurai-je à Miss Temple, ne contrecarrera pas mon programme de Rio. Pourtant, je ne vois pas comment il pourrait le faire. La barque veut un chef, c'est ce que prétend le capitaine. Ce n'est pas un mensonge ; ce besoin serait considéré par tous les marins comme un besoin impératif. Pourtant, je déteste ce type bourru sans savoir exactement pourquoi.

« Avez-vous remarqué que ces hommes là-bas regardent constamment dans cette direction ?

'Oui. Comme je vous l'ai expliqué, Maître Eavesdropper Wilkins a rapporté tout ce qu'il a entendu ; et les Jack comprenant enfin que leur skipper est un fou, se demandent ce qui va bien pouvoir se passer ensuite. Ils seront heureux, vous le constaterez, d'apprendre que nous nous dirigeons vers Rio lorsque le cap sera modifié. Ils dénonceront le capitaine comme fou et mettront fin à nos difficultés d'un seul coup.

« Je l'espère vraiment ! elle soupira.

Eh bien, pendant le reste de la journée, il ne s'est rien passé qui mérite d'être raconté. J'ai fait une observation avec le capitaine, je l'ai élaborée dans sa cabine et j'ai rédigé des ébauches des deux documents extraordinaires. Lorsque nous eûmes calculé notre situation, il monta sur le pont, et, grâce à un compas révélateur dans sa cabine, je m'aperçus qu'il avait changé la route de la barque . Simultanément, j'entendis les hommes avancer davantage les vergues et le talon de la barque s'aiguiser légèrement sous la pression latérale accrue de la brise fraîche sur sa toile. Je me précipitai sur le pont après avoir fini ma copie pour observer la tenue de l'équipage ; mais, dans l'attitude des quelques hommes qui se trouvaient autour, je n'ai rien vu qui m'amène à supposer qu'ils aient fait quelque chose de ce changement soudain de cap.

Quand j'ai dit à Miss Temple que nous nous dirigions maintenant aussi près que le vent nous le permettait, vers le port sud-américain, elle s'est immédiatement animée ; ses yeux s'éclairèrent, un air d'espoir et de plaisir apparut sur son visage et sa voix était pleine de gaieté. Le capitaine, en revanche, devenait plus sombre à mesure que la journée avançait. Pendant son service sur le pont, de midi à quatre, il arpentait les planches sans aucun intermittence que je sentais, marchant presque toujours dans la même posture, les mains jointes derrière lui et la tête baissée ; et avec ses longs cheveux noirs, son visage jaune et ses branchies bleues, il n'avait besoin que de l'habit d'un moine pour en avoir l'air, répétant son rôle pour le cloître.

lui apporta un dîner sur le pont ; mais je vis ensuite Wilkins porter les plats, et la nourriture me parut intacte. A l'heure du souper , il vint à table, mais ne mangea ni ne but. Pendant la plus grande partie de la séance, il n'arrêtait pas de tourner son regard d'abord vers l'un puis vers l'autre d'entre nous avec une sorte d'expression vague et interrogative tendue dans son regard, comme s'il luttait avec un certain degré de souffrance pour déloger une imagination ou une idée. d'une cellule secrète et éloignée de son cerveau et l'amener à la claire lumière de sa compréhension. Il semblait trouver la présence de Miss Temple comme un frein. Parfois, après m'avoir regardé, il sursautait comme s'il était sur le point de parler, mais se retenait instantanément d'un regard vers la jeune fille, tandis que son visage s'assombrissait d'une certaine humeur d'irritation et d'impatience.

Une autre nuit glorieuse et belle suivit le coucher du soleil ce jour-là, avec une lune plus brillante et plus longue , et un souffle de brise qui fondait à travers, et à travers l'un avec la délicieuse fraîcheur qu'elle balayait les eaux et récoltait de la rosée. La mer palpitait en éclairs d'écume, qui brillaient de l'éclat de la neige touchée par la lune, mêlée aux paillettes de la lumière dorée et émeraude du phosphore. Il y avait un agréable rugissement et un sifflement au large de la proue météo, avec de joyeux sifflements en l'air, là où la toile à pleine gorge s'élevant vers la vergue principale s'appuyait dans des espaces pâles contre les étoiles, avec de fréquents balayages des têtes de mât aux plongeons fringants du clipper. coque sur les mers de tête.

Le menuisier était responsable du pont. Il se tenait près du bastingage, à la hauteur de la barre, lorsque j'eus l'idée de l'aborder, afin de pouvoir comprendre de ses réponses quelles idées lui avaient été mises en tête par le capitaine après avoir changé de cap. J'avais Miss Temple à mon bras, car le pont n'était guère sûr pour elle sans un tel soutien. Nous sommes allés à l'habitacle et j'ai jeté un coup d'œil à la carte, puis je me suis dirigé vers le charpentier.

« Bonsoir, M. Lush. Une brise rauque ça ! Puisque Rio est notre destination, un tel tirant d'eau devrait nous permettre de le faire intelligemment, même si la barque s'éloigne de sa route .

« Je suppose que vous savez pourquoi nous allons là-bas ? il a répondu d'un ton bourru, ce qui m'a laissé le doute quant à savoir s'il avait l'intention de poser une question ou non.

« Vous êtes le second et vous êtes bien sûr dans la confiance du capitaine. Que devrais-je savoir que tu ne sais pas ?

« Ah, quoi ? s'exclama-t-il d'une voix semblable à celle d'un grognement de chien.

Miss Temple m'a légèrement pressé le bras, comme si elle voulait que je m'éloigne.

« Un navire comme celui-ci a besoin d'un second, dis-je, quelqu'un qui sache quoi faire du soleil et des étoiles.

"Oh, alors, tu connais la raison pour laquelle nous allons à Rio ?" » dit-il d'un ton si impudent et sarcastique que, sans ajouter un mot, je tournai les talons et conduisis Miss Temple en avant.

« La brute ! » M'écriai-je. «Mais je suis à juste titre servi. Je n'ai pas à m'adresser à ce babouin bourru et analphabète.

« Vous savez qu'il *sait* que vous connaissez les motivations du capitaine, s'il est vrai, comme vous le supposez, que Wilkins a répété aux hommes ce qu'il a entendu ; pourquoi alors feignez-vous une ignorance qui ne peut qu'exciter les soupçons de la créature ?

« Des soupçons de quoi ?

« Que vous jouez un double rôle : avec le capitaine pour le bien de son argent enfoui, et avec l'équipage pour le bien de votre sécurité.

« Vous l'avez dit astucieusement, et je suis assez touché, dis-je. Je voulais connaître l'esprit de cet individu, s'il en a ; il ne me vint pas à l'esprit pour le moment qu'il saurait par Wilkins ce qui s'était passé dans la cabine. C'est-à-dire s'il le *sait* ; car après tout, Wilkins n'a peut-être pas tout entendu, et pour autant que nous puissions en juger, il n'a peut-être pas répété une syllabe du peu qu'il a réussi à rassembler à travers cette cloison. Peu importe, Miss Temple. Encore quinze jours, s'il vous plaît à Dieu, et nous pourrons écrire le mot fini à ce passage de nos aventures.

«Je me connaîtrai à peine», s'écria-t-elle joyeusement, tandis qu'elle tendait sa main blanche et dégagée vers l'éclat de l'air qui coulait des étoiles et la cicatrice de la lune, «quand je remettrai mes bagues. Quelle expérience! Comme c'est improbable, et comme c'est toujours possible et horriblement absolu !'

Et puis elle m'a demandé quelle était la distance entre Rio et Londres ; et nous continuions à bavarder et à faire les cent pas, nous arrêtant parfois sur le côté pour regarder un jet d'eau écumante s'éloigner en rugissant sous le coup de l'arc sous le vent dans l'obscurité accablante jusqu'à ce que cinq cloches sonnent – dix heures et demie. Elle a alors dit qu'elle avait froid et je l'ai emmenée en dessous. Il était cependant un peu tôt pour se coucher ; de plus, l'excitation de la journée persistait encore - la signature et le témoignage des documents étranges : le rêve insensé du capitaine d'une quête de trésor, fou, comme nous le pensions, en tout cas : le sentiment de notre course maintenant vers un port d'où nous devrions pouvoir prendre le bateau et nous rendre confortablement en Angleterre.

Je suis allé à la porte du cuddy et j'ai appelé Wilkins, et à son arrivée, je lui ai dit de mettre sur la table une bouteille de vin qui avait été ramené de l'épave avec un biscuit, et ainsi fourni, Miss Temple et moi avons réussi à tuer. presque encore une heure. Elle ôta son chapeau ; la lumière de la lampe brillait clairement sur la beauté marbrée de son visage, sur ses grands yeux sombres, doux et brillants, sur ses riches cheveux abondants et négligés.

« Vous souvenez-vous de cette nuit, dis-je, dans la Manche, où, après la collision avec le Français, vous êtes venu là où je me trouvais et m'avez demandé d'expliquer ce qui s'était passé ?

«Je préférerais ne me souvenir de rien de ce qui s'est passé entre nous à bord de l'Indiaman, M. Dugdale », répondit-elle en tombant ses longs cils tout en parlant.

Je la regardais sérieusement ; un seul regard lui aurait permis d'observer à cet instant quelque chose de passionné dans mon regard : je me mordis la lèvre pour vérifier que ce que mon instinct m'assurait aurait alors été dit trop tôt, et je m'écriai en regardant ma montre : « Dur pour la moitié. - Onze heures passées.

Elle se leva et nous descendîmes ensemble vers nos postes de pilotage inhospitaliers.

CHAPITRE XXXII
UNE TRAGÉDIE

Combien de temps s'est écoulé avant que je m'endorme, je ne peux pas le dire. Le bourdonnement du sillage qui s'éloignait tout près de l'extérieur était bruyant ; la cargaison légère dans l'entrepont craquait et se tendait, et le bruit sourd du gouvernail était fréquent, et parfois surprenant. J'ai été réveillé par des coups continus contre la cloison. Il faisait nuit noire, malgré une petite danse d'étoiles glissant dans le hublot. J'ai cru qu'on frappait à ma porte et j'ai crié : « Qu'est-ce qu'il y a ? Cela n'a pas cessé ; et comprenant à ce moment-là qu'il provenait de la cloison qui séparait les cabines, je sautai de ma couchette et frappai sur les planches pour faire savoir à Miss Temple que je l'entendais.

J'ai appelé; mais même si j'entendais sa voix, je ne pouvais pas distinguer ce qu'elle disait. Je m'étais retourné partiellement habillé, et en tâtonnant jusqu'à la porte, je m'avançai et frappai à sa cabine. La poignée a été touchée et j'ai senti que la porte de la fille était entrouverte.

« Êtes-vous là, M. Dugdale ?

'Oui. Quel est le problème?'

« Vous n'avez pas entendu un coup de pistolet ?

«Non», j'ai pleuré.

«Je suis certaine qu'une arme à feu a été déchargée», s'est-elle exclamée.

« Reste un peu, dis-je. Je vais voir si quelque chose ne va pas et je te le ferai savoir. »

Après quelques tâtonnements, je parvins à allumer la bougie de ma lanterne ; puis enfilant mes chaussures, je me dirigeai vers l'échelle d'écoutille, que je pus voir en laissant la porte de ma cabine ouverte. Je suis entré dans le cuddy et j'ai écouté. La lampe était éteinte ; mais une sorte d'éclairage spectral d'étoiles et d'eau vive passait au crible par la lucarne, les hublots et les petites fenêtres de la façade douillette, et je pus déterminer le contour des objets. Tout allait bien dans cet intérieur, autant que je sache. J'ai écouté; mais pas même un bruit de pas ne retentit sur le pont supérieur, pas une note de voix humaine ou un mouvement d'hommes en avant. La barque balayait courageusement les mers, et l'atmosphère du cuddy était vibratoire avec les cris résonnants du vent en l'air.

Je me suis dirigé vers la porte cuddy et j'ai regardé dehors ; rien ne bougeait sur la dunette qui courait pâle dans l'ombre impénétrable jusqu'à la taille. Je retournai aux marches du compagnon, que je montai, et restai resté dans l'écoutille un moment ou deux. Il n'y avait personne sur la poupe pour sauver l'homme à la barre. Je me suis approché de lui et lui ai dit : « Où est le capitaine ?

« Il est descendu en bas, » répondit-il ; 'il m'a dit qu'il ne tarderait pas.'

« Quand a-t-il quitté le pont ?

« Il y a sept ou huit minutes, probablement.

« Avez-vous entendu tout à l'heure un bruit qui ressemble à un coup de pistolet ? J'ai demandé.

«Non, monsieur», répondit-il. "Mais qui peut entendre quoi que ce soit au sommet de tout cela, ici, le bruit du vent et de l'eau ?"

«C'est vrai», m'exclamai-je. "Je doute que le bruit ait signifié plus qu'une chute de quelque chose en dessous. C'est la dame qui a entendu le son, et je viens de m'approcher pour voir ce que cela pourrait signifier. Il faut espérer que le capitaine ne s'attardera pas. Ce n'est pas une brise pour laisser un navire sous la seule responsabilité de son timonier.

Et en effet, le petit engin avait trop besoin de surveillance de la part de l'individu pour le laisser parler ou me permettre de détourner son attention de son devoir. Je résolus d'attendre, afin qu'il y ait une sorte de vigie pendant que le capitaine resterait en bas. La brise s'était rafraîchie, pensai-je, depuis que j'avais quitté le pont ; De plus, il y avait un faible vent venteux, tout au loin sur tribord ; et la barque au plus près faisait revenir le vent aussi fort qu'il soufflait, en fait, à cause de sa manière poussée, plongeante et agile de regarder vers elle. La grand-voile est trop lourde pour elle, pensai-je ; il devrait être enroulé . Il y a aussi une trinquette ou deux de trop ; et cette grande voile devra rentrer bientôt, si l'aspect du ciel là-bas signifie ce qu'il menace.

Cinq minutes s'écoulèrent, mais le capitaine ne parut pas. Le son que Miss Temple avait entendu commençait à me donner une vilaine idée. Je me dirigeai vers le volant.

« Est-ce que le capitaine vous a dit pourquoi il descendait en bas ?

«Non, monsieur», fut la réponse. « Il était resté debout pendant environ un quart d'heure, immobile ; puis il arrive d'un air détrempé dans une sorte de course vers l'habitacle, jette un coup d'œil à la carte et dit : « Gardez-la pendant qu'elle va ; rien d'anormal : veillez à cela ! Je ne serai pas long. C'était tout.'

À cet instant, le vent se leva en une rafale qui vint en un long hurlement par-dessus le bastingage, et le petit navire s'inclina devant lui jusqu'à ce que l'étouffant à côté parut être à la hauteur du bord de couverture.

« Inutile d'attendre le capitaine, dis-je, rendu irritable par l'anxiété ; « Nous lui arracherons les mâts si nous ne prêtons pas attention à nos yeux ; et courant en avant, j'ai crié à haute voix : « Mettez-vous à l'arrière et hissez la grand-voile ! »

En un instant, la montre sortit de l'obscurité. Leur manière de se précipiter m'a fait savoir qu'ils attendaient l'ordre de raccourcir la voile et se demandaient pourquoi il n'avait pas été livré plus tôt.

« Enroulez-le, les gars, criai-je, quand vous l'aurez remonté ; mais d'abord, descendez votre trinquette principale. Il faut que je découvre ce qu'est devenu le capitaine.

Sans perdre un instant, je courus vers la cuddy et frappai à la porte de la cabine du capitaine. Aucune réponse n'a été renvoyée. Je frappai encore en tonnant du poing ; puis j'ai essayé la poignée et j'ai trouvé la porte verrouillée. 'Bon dieu!' pensai-je, cet homme s'est suicidé. *Ce* sera la signification du son entendu par Miss Temple. Alors que je me retournais un instant, ne sachant absolument pas comment agir, la jeune fille sortit par l'écoutille près de là où je me trouvais. Elle tenait à la main la lanterne que j'avais laissée allumée dans ma couchette.

'Que s'est-il passé?' elle a pleuré.

«Je n'en ai aucune idée pour l'instant», répondis-je; mais je crains que le capitaine ne se soit suicidé. Laisse-moi te prendre cette lanterne.

Je l'ai rapidement attaché par sa lanière à un crochet d'un chandelier, remarquant ce faisant qu'elle s'était complètement habillée.

« Restez ici pour le moment, d'accord ? J'ai continué. « Il faut que je monte sur le pont, il n'y a personne pour donner des ordres aux hommes.

Je montai les marches en courant et aperçus les formes sombres des marins qui montaient sur les haubans pour s'étendre sur la vergue principale.

« Qui est-ce là ? J'ai appelé, observant une silhouette sombre debout près de l'écoutille principale.

«Moi... Wilkins, monsieur.»

« Avancez, Wilkins, criai-je, et appelez M. Lush. Dites-lui que je veux qu'il s'en aille, que j'ai peur que quelque chose de grave ne se soit produit ; en fait, mettez tout le monde en déroute. Nous allons devoir prendre des ris sous peu.

L'homme s'est précipité en avant. Ce n'était pas une rafale passagère qui avait courbé la barque, mais une véritable augmentation du poids du vent ; et à ce moment-là, sachant assez bien comment menait l'équipement, j'ai lâché le maintopgallant drisses , puis j'ai couru vers l'arrière jusqu'aux drisses de trinquette du mât d'artimon , et je le traînais avec ma seule paire de mains sur le hale-bas, lorsque le charpentier s'est approché de moi, suivi du reste du quart en dessous.

« Qu'est-ce qui ne va pas ? il a dit.

«Je crois que le capitaine s'est suicidé. La porte de sa cabine est verrouillée et nous n'avons pas encore découvert qu'il s'est suicidé. Le vent fraîchit, le navire veut surveiller et il n'y a personne pour s'occuper de lui. Allez-vous prendre les choses en main ? Je t'attendrai dans la cabine.

Quelle expression une lumière projetée sur son visage aurait pu montrer que mes nouvelles y produisaient, je l'ignore ; il y eut une pause en lui, comme un étonnement maussade, mais il ne dit rien. Il monta sur l'échelle de dunette ; et je suis entré dans le cuddy, captant le bruit des hommes sur la vergue principale qui chœaient alors qu'ils attachaient la carie de la voile, accompagné d'un rugissement soudain du charpentier pour attacher la grand-voile et l'enrouler. il. Le bout de la bougie qui brûlait dans la lanterne ne faisait qu'une lumière misérable, comme vous le supposerez. Tout près d'elle, dans le rayonnement qu'elle émettait, se tenait Miss Temple, blanche comme la pierre, et ses yeux écarquillés et lumineux d'inquiétude.

« Le navire est-il en danger ? elle a demandé.

«Oh mon Dieu, non», répondis-je; « La brise s'est considérablement rafraîchie et les hommes raccourcissent les voiles. Mais cette lumière est vraiment abominable. Nous aurons besoin d' y voir clair à l'heure actuelle. Et sur ce, j'ai sorti la bougie et j'ai allumé la lampe de la cabine avec.

«Je m'attendais à chaque instant à voir cette porte s'ouvrir et *sa* silhouette sortir!» » dit Miss Temple en désignant avec un frisson et sans regarder la couchette du capitaine. « Croyez-vous qu'il s'est suicidé ? »

« Cela ne fait aucun doute. Pourquoi sa porte devrait-elle être verrouillée ? Je devrais savoir qu'il s'est détruit sans pouvoir deviner comment il s'y est pris, sans que vous ayez dit que vous aviez entendu le bruit d'un pistolet.

« Je l'ai certainement entendu, M. Dugdale . J'étais réveillé. Je n'ai pas dormi depuis que je me suis couché. Le son était comme le claquement d'un fouet au-dessus de ma tête.

A ce moment-là, le menuisier lança de nouvelles commandes. La barque , débarrassée de sa grand-voile et de son hunier, s'était remise de sa gîte périlleuse et se débattait avec ce qui semblait une érection obstinée de son espar après la récente inclinaison sauvage de ses mâts. La mer montait, et le navire commençait à tanguer avec une certaine méchanceté sous le cisaillement tranchant et frappant de ses étraves de clipper, d'où la vague reculait dans le tonnerre, emportant vers l'arrière dans une écume bouillante avec un bruit semblable à celui de la chute de la grêle et de la pluie. d'un orage électrique. Je pouvais dire sans avoir besoin de regarder que la dernière commande de M. Lush concernait la prise de ris du hunier. Quoi qu'il en soit, il avait son petit navire bien en main , et tout le petit équipage du navire était sur le pont pour courir selon ses instructions, et il y avait un certain réconfort à tirer de cela.

Pour dissiper un petit doute qui s'était élevé, je me dirigeai de nouveau vers la cabine du capitaine et frappai fort et longuement sur la porte, criant son nom, puis essayant la poignée ; mais en vain.

« À quelles nouvelles horreurs sommes-nous réservés ? s'écria Miss Temple. « Allons-nous un jour nous échapper avec nos vies ? Que de choses ont été comprimées ces derniers jours : le cadavre sur l'épave, la noyade du pauvre lieutenant, la perte, peut-être, de M. Colledge et des matelots du bateau de guerre, et maintenant ceci ! ' s'écria-t-elle en portant ses mains à son visage dans un sanglot convulsif et sans larmes ; puis, me regardant, elle dit : « Si le capitaine Braine s'est suicidé, que va-t-il suivre ?

« Rio », répondis-je. « Je porterai le navire directement là-bas. Merci à Dieu pour les connaissances en navigation que je possède ! J'espère que le capitaine ne s'est peut-être pas suicidé ; mais s'il l'a fait, cela sera pour notre bien. C'était un fou, et il était impossible d'heure en heure d'être sûr de ses intentions.

«Mais, M. Dugdale , il n'y aura pas de tête au navire si le capitaine est mort. Qui donc doit contrôler l'équipage, cet équipage de forçats et de mutins et… et ?

« C'est un fou qui a dessiné ce tableau, dis-je. Je soupçonne qu'il est aussi correct dans la description de son équipage que dans celle de son trésor. Les hommes sont sans navigateur ; ils ne peuvent rien faire sans moi. S'ils sont de vrais Jacks, ils en ont déjà marre du voyage et seront heureux d'avoir un port sous leur vent, avec la promesse d'une escapade à terre et de nouveaux articles à signer sur le cabestan d'un autre navire.

Nous continuâmes à parler ainsi ; Bientôt, j'entendis les matelots chorus devant les drisses du hunier , et plus tard , le charpentier Lush entra dans la cabine par la porte cuddy.

« Elle sera à l'aise avec ça », s'exclama-t-il de sa voix bourrue ; il n'y a plus de vent, et tout le grand hunier ne lui sera pas de trop s'il ne se rafraîchit pas encore. Qu'est-ce qu'il y a à propos du capitaine , monsieur ?

Pendant qu'il parlait, j'observais les visages scintillants de l'équipage, tous ensemble, sauvant le type au volant, se pressant pour jeter un coup d'œil à travers les fenêtres et l'embrasure de la porte. J'ai vu Miss Temple les regarder avec terreur ; mais il n'y avait rien de plus naturel que que ces camarades désirent obtenir toutes les nouvelles d'un événement qui les concernait aussi étroitement que le suicide de leur capitaine . J'ai répété le peu que je savais au menuisier, qui s'est immédiatement dirigé vers la porte du capitaine et a essayé la poignée par lui-même, en la secouant vicieusement.

« Je suppose qu'il faudra l'ouvrir ? s'exclama-t-il en regardant autour de lui.

« Certainement, répondis-je, et le plus tôt sera le mieux . Ce suspense est intolérable.

«Je vais aller chercher des outils», dit-il.

Il revint après quelques minutes et deux marins l'accompagnèrent, l'un d'eux étant Joe Wetherly . Les autres, insouciants de toute habitude, dans leur curiosité dévorante, s'entraînèrent les uns contre les autres dans le câlin, s'avançant pouce par pouce jusqu'au centre , où ils se tenaient à regarder – un groupe sauvage et rude, en effet, dans cette lumière ; des seins velus, des bras nus et nerveux, assombris par le temps, généreusement marqués d'instruments bleus, des pieds nus, des yeux brillants, des couteaux en fourreau sur les hanches - je ne pouvais guère m'étonner que Miss Temple ait reculé devant eux et se soit accrochée à mon côté, la main dans ma main. bras! Ils n'avaient pas besoin du caractère que leur avait donné le capitaine pour lui faire faire ça !

Lush a forcé la porte de la couchette ; il s'ouvrit sous un coup violent, et je m'avançai pour voir l'intérieur, Miss Temple me lâchant le bras avec une exclamation, préférant rester seule près des matelots plutôt que de jeter un coup d'œil à l'horreur que son imagination dessinait. Une petite lampe à support brillait vivement. Au centre du pont de la cabine gisait le corps du capitaine Braine. Il était sur la poitrine, ses bras étaient tendus, une jambe était tordue, comme cassée sous l'autre. Un pistolet d'un modèle quelque peu similaire à celui que j'avais découvert dans le casier de M. Chicken se trouvait à côté de sa main droite. Nous avons été immédiatement témoins de ces détails ; mais il fallut regarder un peu avant de pouvoir distinguer la grande tache de sang sur le carré de drogue sous la joue du pauvre être, et qui ressortait en ligne noire d'un trou au niveau de son œil .

« Il s'est tiré une balle, comme vous l'avez dit, » s'écria le charpentier d'une voix rauque, et reculant d'un demi-pas vers la droite.

« Retournez-le, Bill », dit Wetherly à l'autre marin.

'Pas moi! Traitez-le vous-même, Joe.

Wetherly tomba à genoux et remit le cadavre sur le dos. Après mon expérience avec le corps sur l'épave, j'aurais dû me considérer comme capable de faire n'importe quelle sorte de visite épouvantable ; mais le visage de ce capitaine mort était plus que je ne pouvais supporter, et j'ai été obligé de détourner le regard et de garder mon regard détourné, pour ressaisir mes nerfs du choc que leur avait causé le spectacle.

L'équipage s'était bousculé jusqu'à la porte même de la cabine et se tenait dans la foule, les yeux bouche bée, avec une sorte de gémissement d'exclamations s'échappant d'entre eux.

«C'est un mauvais travail, monsieur», dit Wetherly en me regardant.

« Il sera mort, je suppose ? dit le charpentier.

« Ô Dieu, oui ! M'écriai-je.

Le menuisier semblait attendre, comme s'il s'attendait à ce que je lui donne des indications.

« Mieux vaut mettre le corps dans la couchette, M. Lush, dis-je, et le couvrir pour ce soir. »

« Oui, cachez-le dès que vous le voudrez, Joe, » s'écria le charpentier ; et pendant qu'il prononçait ces mots, j'observai qu'il roulait des yeux avec une expression d'examen attentif et assoiffé de la cabine.

Wetherly et l'autre homme qui était entré avec lui ont soulevé le corps, l'ont placé sur la couchette et ont jeté une couverture dessus. Nous quittions ensuite la cabine, laissant la lampe allumée, bien que, j'imagine, personne ne l'ait remarqué à part moi ; et le menuisier mit un petit coin de bois sous la porte pour la maintenir fermée. Les matelots s'éloignèrent lentement vers la dunette, jetant des regards inquisiteurs autour d'eux et sur Miss Temple, alors qu'ils se retiraient. Le charpentier s'arrêta à table et, tournant vers moi son visage maussade, s'écria de sa voix profonde et colérique : « Que faire maintenant ?

« Il n'y a rien à faire, répondis-je, si ce n'est de se diriger vers le port le plus proche, et Rio sera cela.

« Oui ; mais ce n'est pas la question pour le moment, s'écria-t-il. « Ce que je veux dire , c'est quelle sera la discipline ?

« Eh bien, bien sûr, m'écriai-je, je dois apporter toute l'aide possible. Si l'équipage y consent, je serai heureux de veiller et de veiller avec vous. Dans tous les cas, je dirigerai le navire. Très heureusement, je peux le faire.

« Ce sera l'affaire de l'équipage », dit-il en parlant les yeux fixés sur le pont et après une pause. « Demain matin, ce sera le temps de décider de ce qu'il y a à faire. Je veille de huit heures à midi ce soir ; et si vous restez ici à mi-garde, je vous remplacerai à quatre heures ; et après le petit-déjeuner, vous donnant le temps de dormir un peu, j'appellerai l'équipage à l'arrière, et nous verrons ce qu'ils ont à dire, maintenant il n'y a plus ni lieutenant ni capitaine .

« Mais tu es le compagnon ; le second par intérim, m'écriai-je, sensible à une inquiétude indéfinissable qui se transforma rapidement en une émotion de consternation froide et déchirante.

« Je vous dis *non* , monsieur ! » il cria; «Je ne suis pas un second. Je me suis engagé comme charpentier du navire, et je vous l'ai dit. Depuis la mort de M. Chicken, j'ai été traité par cet homme là-bas (il montra d'un index carré la porte de la cabine) pire que n'importe quel chien bâtard sur lequel un tromblon aurait pu s'attaquer. *Moi,* mon second ? Il s'est frappé la poitrine avec une sorte de frénésie avec son poing fermé et m'a souri au visage.

« Très bien, dis-je en forçant une note de calme dans ma voix ; c'est un simple détail de routine, que nous réglerons demain, comme vous dites.

« Très bien, s'écria-t-il ; et abaissant son bonnet de peau au-dessus de sa tête, il sortit péniblement du câlin sur ses jambes arrondies.

«Je dois monter sur le pont, Miss Temple», dis-je.

Elle me regardait, comme si elle ne parlait pas, quand je lui ai adressé la parole.

«Je t'accompagnerai», s'est-elle exclamée.

'Non! C'est hors de question.'

'Pourquoi?' » s'écria-t-elle impérieusement, avec l'irritabilité de la consternation et de la terreur dans ses manières.

« Je serai sur le pont jusqu'à quatre heures. Il vous sera inutile de subir une telle période d'exposition. Vous êtes parfaitement en sécurité dans votre cabine.

« Comment *oses* -tu me demander de retourner dans cette horrible partie solitaire du navire ? s'écria-t-elle, avec une colère et une alarme brillantes dans les yeux.

"Alors repose-toi sur ce casier là-bas."

« Vous me demandez de rester ici *seul* avec le cadavre à proximité dans cette cabane ? »

« Miss Temple, dis-je fermement, si vous refusez de retourner dans votre cabine, vous m'obligerez au moins en restant dans cette câlin. Je n'ai pas le temps de te raisonner. Vous devez m'obéir, s'il vous plaît. Donne-moi ta main.' Elle l'a étendu et je l'ai conduite jusqu'au canapé-lit, sur lequel je l'ai obligée doucement mais résolument à s'asseoir. — Vous pouvez vous reposer ici en toute sécurité, poursuivis-je. « Je m'étonne qu'une femme de votre esprit trouve de quoi vous inquiéter, devant les difficultés réelles auxquelles nous sommes confrontés, à proximité d'un cadavre inoffensif. Je peux avoir une vue sur vous et sur cet intérieur à travers cette lucarne. Mais il ne faut pas monter sur le pont.

Elle me regardait dans une posture immobile, avec un air de ressentiment hautain sur les lèvres, auquel une sorte de respect dans son regard faisait démentir. Je la quittai et posai le pied sur les marches du compagnon, lorsqu'une pensée me vint. En me dirigeant vers la porte de la couchette du capitaine, je retirai la cale, entra et ramassai le pistolet qui gisait sur le pont. C'était une lourde arme à canon unique , mais une arme à feu quand même, et je l'enfonçai dans ma poitrine. Je n'aperçus aucun matériel pour le charger ; mais j'avais en bas ce qu'il fallait en ce sens ; et maintenant j'étais en possession, comme je n'en doutais pas, des deux seuls pistolets du navire.

J'éteignis la lampe, calai à nouveau la porte et, répondant au regard engageant de Miss Temple par un sourire, je montai sur le pont. La nuit était un crépuscule clair, avec une grande quantité d'étoiles brillantes, au-dessus desquelles de nombreux petits nuages passaient rapidement ; et le vent continuait toujours à souffler fort, bien qu'il n'ait pas gagné en force depuis la dernière fois que la voile avait été raccourcie, et la mer courait maintenant régulièrement sur la proue en amas réguliers d'eaux sombres fondant à leur tête, de sorte que le mouvement du barque , en étant rythmée, était relativement facile. J'ai gagné le pont météo ; et après avoir jeté un coup d'œil à la boussole et jeté un coup d'œil au visage indiscernable du personnage à la barre, je me mis en route pour la marche traditionnelle du pendule du quart de mer, allant et venant, venant et venant, de la barre jusqu'à l'aube. la poupe, dirigeant constamment les regards vers le vent ou vers le haut, et fréquemment vers Miss Temple, comme elle le montrait, assise comme je l'avais laissée, visible pour moi à travers la vitre de la lucarne. Il était hors de question qu'elle arpente le pont avec moi tout au long de cette longue surveillance. Le vent violent s'accompagnait d'une pointe d'humidité froide qui se faisait sentir après une brève exposition. D'autre part, il ne fallait pas penser que les matelots trouveraient la dame sur le pont pendant toute cette garde de nuit, comme si nous étions tous deux dans une peur mortelle et que nous restions ensemble pour nous réconforter mutuellement. Maintenant qu'il n'y avait plus de chef à bord du navire, il était d'une importance vitale que Miss Temple reste aussi privée que possible, mais peu vue des hommes. J'avais les idées claires sur la situation extraordinaire dans laquelle nous nous trouvions ; et tandis que je la regardais à travers la lucarne, je me décidai à la soumettre à mes vues, à vaincre l'insolence de son esprit, même s'il m'arrivait d'agir d'une manière qui pourrait être considérée comme brutale, jamais lui faire plaisir en lui donnant des raisons, mais insister péremptoirement de manière à lui faire comprendre que pendant que nous étions ainsi ensemble, j'étais son maître, et qu'elle devait immédiatement acquiescer à mes décisions ; car si nous n'y parvenions pas, son tempérament, son manque de tact, son caractère mesquin de personne dont la nature a été blessée par l'admiration et l'indulgence, pourraient aboutir à notre destruction tous deux.

Quelle montre de minuit c'était ! J'avais le cœur malade et misérable d'inquiétude. Ma méfiance à l'égard du charpentier, sentiment qui m'avait toujours possédé, était forte jusqu'à la conviction qu'il était à la hauteur d'un rôle infernal, et qu'étant libre et à la tête, pour ainsi dire, d'une bande, Parmi les hommes, dont un seul, je veux dire Wetherly , semblait digne de confiance, il pourrait être en train de tramer quelque complot qui menacerait de mort Miss Temple et moi. Je me suis demandé quelle forme pouvait prendre un tel complot ? Je ne le savais pas : je ne pouvais que le pressentir : je ne pouvais garder devant moi que la situation d'un petit navire à flot sur une vaste mer sans capitaine ni compagnon, rempli jusqu'aux écoutilles de marchandises de valeur, une belle structure d'elle-même, virtuellement en possession. d'un groupe d'hommes irresponsables, sous la garde desquels elle était entrée par le simple effet de la fortune, sans le moindre coup de coquinerie de leur part. Je dis que je n'avais qu'à réfléchir à cela, puis à penser au caractère de l'équipage tel qu'il m'avait été représenté par le capitaine Braine, pour pressentir une action de leur part qui pourrait anéantir mon projet d' atteindre Rio - avec tant de choses à faire. il s'ensuit que je n'osais pas me donner la tête à spéculer là-dessus.

Si choquant qu'ait été la soudaineté et l'inattendu du suicide du capitaine, la chose restait légère comme une horreur dans mon imagination, tant j'étais profondément agité par les craintes indéterminables qui avaient été soulevées en moi par les quelques mots que le charpentier avait laissé tomber. Je ne pouvais pas en être sûr ; mais il me semblait, à cause de la brume de lumière qui entourait l'écoutille du gaillard d'avant, appelée le seau avant , et à cause du mouvement occasionnel des ombres au milieu, comme s'il s'agissait des mouvements des hommes en bas, ou des silhouettes venant sur le pont et descendant encore une fois, que toutes les mains étaient réveillées. Il n'y avait rien qui devait m'inquiéter particulièrement dans ce soupçon, car la mort du capitaine tenait suffisamment à la raison pour laquelle les hommes restaient éveillés et bavardaient ; Pourtant, la croyance que les marins conversaient dans leur sombre petit salon de mer , avec la langue grogneuse de Lush boudeuse et active parmi eux, augmentait considérablement mon inquiétude.

J'ai continué à arpenter le pont, gardant un œil attentif sur le navire, avec un regard vigilant également sur la boussole, car chaque heure de cette navigation nous rapprochait de tant de milles de la côte sud-américaine. Peu avant deux heures, en regardant par la lucarne, j'aperçus Miss Temple allongée sur le coussin du casier, profondément endormie. Son chapeau était sur ses genoux, sa joue reposait sur son bras ; ainsi elle se reposait dans une posture latérale. Pendant que je la regardais, comme devant l'image d'une belle femme endormie, encadrée dans le carré de la lucarne, et touchée par la douce illumination de la lampe à huile qui se balançait près de son lit, un homme sonna quatre cloches sur le gaillard d'avant. et une minute ou deux plus tard, la silhouette sombre d'un matelot arriva sous le vent pour relever la barre. J'ai attendu un peu, puis je me suis dirigé vers l'habitacle sous prétexte d'inspecter la carte.

« Est-ce que la montre ci-dessous est en avant ? » dis-je.

«Toutes les mains sont réveillées», répondit-il, et je le reconnus à sa voix, même si je ne pouvais pas distinguer ses traits. C'était un jeune marin nommé Forrest, un type que j'avais souvent remarqué pour la souplesse élastique de son corps, le mouvement particulier de sa démarche, une agilité étonnante en altitude et un air d'impudence mutinée dans sa manière d'accomplir n'importe quel travail. il pourrait être mis à .

« Je suppose qu'ils ont parlé de la mort du capitaine ? dis-je.

«Ils ont parlé de beaucoup de choses», répondit-il avec une sorte de rire dans la voix, comme s'il avait bu.

« Est-ce que M. Lush est parmi eux ?

« Oh, oui. »

« Eh bien, gardez votre guindant, dis-je ; 'elle est déjà à quelques points de son parcours.'

"Son cours pour où?" Dit l'homme.

«Pour Rio», répondis-je.

Il ne répondit rien et je repris ma marche sur les planches.

CHAPITRE XXXIII
LE CHARPENTIER CONVOQUE UN CONSEIL

A quatre heures, le charpentier est venu me relever. Il m'a demandé brièvement et spontanément quel temps il avait fait ; et la note bien éveillée dans sa voix m'a convaincu que, qu'il ait dormi ou non pendant son quart en bas, il n'était certainement pas sorti tout droit de sa couchette ou de son hamac. Quand je lui eus répondu, il se dirigea brusquement vers le compas, et je descendis l'échelle de dunette et entrai dans la câline.

Miss Temple dormait encore. C'était plus un résultat de la sorcellerie de l'imagination que de la réalité qui surgissait du crépuscule venteux de la nuit et une association, momentanée peut-être, avec le charpentier, au spectacle de la belle jeune fille endormie respirant profondément et paisiblement. , avec l'éclat de ses dents blanches apparaissant à travers ses lèvres entrouvertes, et les cils de ses paupières fermées reposant dans une ombre d'une beauté surprenante sur ses joues incolores . Mais le repos était impératif pour moi ; il n'y avait pas d'autre casier à utiliser ; et je ne laisserais pas la fille seule. J'ai légèrement touché sa main; elle souriait, mais dormait ; Je la touchai de nouveau, et elle se redressa d'un air effrayé, me fixant avec le regard insignifiant du nouveau réveillé.

«Ah!» s'écria-t-elle avec un violent frisson, je croyais que c'était le capitaine mort qui m'avait touché ! Comme ta main est froide.

«Je vais à ma couchette pour chercher du repos», dis-je; 'et je ne vous laisserais pas seul ici.'

'Oh non!' s'écria-t-elle ; 'J'irais avec toi.'

« Vous dormez depuis plus de deux heures, lui dis-je. Je suis très heureux. Le sommeil est la force ; non, c'est la vie. Vous êtes en sécurité et vous allez maintenant me dire que j'avais raison de vous supplier de rester ici.

"En me *commandant* , tu veux dire," répondit-elle avec un léger sourire. "Mais comme j'étais malheureuse seule jusqu'à ce que je m'endorme - imaginant constamment que cette porte était ouverte avec précaution" - un autre fort frisson la parcourut alors qu'elle se dirigeait vers la cabine du capitaine, gardant son visage détourné.

J'ai décroché la lanterne de ma couchette, j'y ai allumé la bougie et, la prenant par la main, je l'ai conduite jusqu'à l'écoutille. Lorsque nous fûmes entrés dans l'entrepont, je portai sa main à mes lèvres en un salut à l'ancienne et dis : « Mademoiselle Temple, si je parais commander , c'est dans l'espoir d'être utile en tant que protecteur à un compagnon dont les prétentions sur mes besoins doivent s'approfondir à mesure que nous continuons ensemble et que les perspectives s'assombrissent.

Je lui ai ouvert la porte de sa cabine, je lui ai donné ma lanterne ; puis je me dirigeai vers ma propre couchette, je me frayai un chemin à tâtons jusqu'à la couchette et je m'endormis rapidement.

Il était huit heures à ma montre lorsque je me suis réveillé. Je sautai aussitôt du lit et, après avoir soigneusement caché le pistolet que j'avais apporté avec moi de la cabine du capitaine, je m'aspergeai en toute hâte le visage avec de l'eau salée et me dirigeai vers la porte de la cabine de Miss Temple, à laquelle je frappai. Elle m'a répondu. Je lui ai dit qu'elle me retrouverait sur le pont. « Il est huit heures, dis-je, et c'est à mon tour de monter la garde. Sur ce, je montai les marches. Wilkins était dans le cuddy, comme je dois nécessairement appeler le petit salon , même si, après le salon de l'Indiaman, cela semblait un grand nom à donner à un si petit intérieur. J'ai dit : « La dame sera là sous peu. Prépare le petit-déjeuner pour nous, n'est-ce pas ? entendre? Nous le mangerons sur le pont, à moins qu'il n'y ait quelqu'un pour me surveiller pendant que je descends pour le repas. Il a répondu, assez poliment, qu'il nous le porterait sur le pont si je lui faisais savoir quand nous serions prêts à le recevoir.

J'ai trouvé le charpentier sur la dunette en train de parler à deux matelots ; mais en m'apercevant, les deux gaillards s'avancèrent d'un air un peu penaud. C'était une belle matinée, animée d'un soleil volant, et la mer formait des collines écumantes d'un bleu foncé, qui soutenaient le reflet du soleil en d'incessants éclairs de feu aussi éblouissants que les rayons projetés par le luminaire lui-même entre les bords de la mer. les nuages qui coulent. J'ai jeté un rapide coup d'œil autour de moi ; il n'y avait rien en vue. La barque était sous la même toile que j'avais laissée sur elle lorsque je suis descendu ; mais à mon premier pas me portant au compas, je m'aperçus qu'il faisait route de deux points plus au sud qu'il ne l'avait fait lorsque j'avais quitté le pont ; et, en effet, lorsque je levai les yeux en l'air pour la seconde fois, je m'aperçus que les vergues avaient été légèrement renforcées, et qu'en bref, M. Lush faisait un bon vent, ce qui était un mauvais vent pour Rio. J'ai été très surpris, mais j'ai contrôlé mon visage, car les yeux de l'homme étaient fixés sur moi.

"Je présume, M. Lush," dis-je en m'approchant de lui et en feignant une certaine insouciance de comportement tandis que je regardais avec une certaine indifférence devant lui l'horizon météo, "que vous savez que la barque s'écarte inutilement de sa route. , sachant qu'elle trouvera facilement encore deux ou deux points et demi ?

« La route d'un navire dépend de la direction qu'il prend », répondit-il en parcourant ma silhouette des yeux ; " et rien n'est encore réglé pour autant que nous soyons consarnés . "

'Oh ! Est-ce vraiment le cas !» dis-je après m'être défoulé dans un bref sifflement. « Quelle est l'objection à Rio, M. Lush ?

« Je vais appeler l'équipage à l'arrière tout à l'heure », s'est-il exclamé ; « C'est une question qui s'adresse à tous, pas à moi ni à vous seulement, monsieur.

«J'espère», dis-je, mon air feint d'insouciance s'évanouissant devant la véritable consternation qui était maintenant active en moi, «que les matelots n'empêcheront pas mon désir sincère, pour le bien de la dame, ainsi que pour le mien, de faire route vers Rio le plus rapidement possible. Miss Temple et moi avons vécu des expériences cruelles, et nous sommes encore aujourd'hui dans une situation aussi mauvaise, à bord de cette élégante petite barque, que nous l'étions dans l'épave dont vous nous avez sauvés. Au nom de Dieu, M. Lush, qu'il n'y ait aucun obstacle déraisonnable à notre arrivée rapide à un port d'où nous pourrons prendre le bateau pour rentrer chez nous.

« J'ai dit, répondit-il de son ton le plus maussade, que ce n'est pas une question pour un homme ni pour deux hommes, mais pour toutes les mains.

J'ai été témoin d'un entêtement qui devait facilement se transformer en insolence forte sur le visage du voyou, et je me suis mordu la lèvre pour faire taire ma langue. Après une courte pause, je dis : « Je constate que les ponts n'ont pas été lavés.

'Non; c'est exact. Ils n'ont pas été lavés.

« Quand doit-on enterrer le corps du capitaine ?

« Il est enterré, répondit-il ; puis il poursuivit, comme s'il comprenait qu'une explication était nécessaire : « Cela ne sert à rien de garder un cadavre humain à bord d'un navire. " Ce n'est pas de la chance. « Ce n'est pas chanceux, même si c'est le cas, car c'est le cadavre humain d'un homme bon ; mais quand il s'agit du corps de ses semblables : « —— Il a craché par-dessus la rampe. « Il a été enroulé dans une toile et jeté par-dessus bord il y a deux heures.

« L'enterrement d'un chien ! dis-je entre mes dents.

« Les funérailles d'un chien, c'est tout ce à quoi le meilleur marin doit s'attendre ; le traitement d'un chien quand il est vivant, et l'enterrement d'un bâtard quand il est mort.

«Eh bien, je suis ici pour vous remplacer», dis-je. «Wilkins apportera mon petit-déjeuner sur le pont.»

«Très bien», répondit-il. « Supposons que nous disons qu'il est neuf heures pour le conseil qui doit se tenir ? »

Je me détournai de lui, acquiesçant d'un geste, et marchai vers l'arrière, lamentablement malade, pour recevoir Miss Temple, qui apparaissait à ce moment dans le chemin des compagnons. Elle perçut instantanément à mon visage qu'il y avait quelque chose de grave chez nous et fixa sur moi un regard d'interrogation passionnée et nerveuse. Il n'y avait aucune raison de lui cacher mes craintes – craintes qui, aussi informes qu'elles puissent être maintenant, allaient, je n'en avais pas douté, se transformer bientôt en convictions amères. Je lui pris la main et la conduisis jusqu'à la lucarne, où nous étions hors de portée de voix du timonier.

« Je crains, dis-je, que la mort du capitaine Braine n'ait aggravé pour nous le problème de cette aventure.

'Que s'est-il passé?' » a-t-elle demandé.

« Quand je suis descendu à quatre heures du matin, répondis-je, le *Lady Blanche* regardait le port de Rio d'aussi près que le vent le lui permettait. Depuis lors, M. Lush a pris sur lui de modifier le cap du navire, et nous n'avons besoin que d'un ou deux points de sud pour naviguer immédiatement vers le sud de l'océan Atlantique.

— Mais le navire fait *maintenant* route vers Rio ?

'Non.'

'Non!' elle a pleuré. « Pourquoi n'ordonnez-vous pas à cet homme de la diriger selon vos souhaits ? Et elle envoya un de ses regards éclairs sur le visage poilu du marin qui tenait les rayons.

« L'équipage arrive actuellement à l'arrière pour régler la question de notre destination. Je ne peux rien faire. S'ils ont décidé de suivre une voie, ils ne permettront pas que je les en empêche.

« Mais quel cours ? Quelle résolution sont-ils susceptibles de prendre ? s'exclama-t-elle en joignant les mains dans un geste de désespoir et en regardant devant elle avec une expression de terreur un groupe de camarades qui se tenaient à la porte de la cuisine et discutaient.

«Je ne sais rien et je ne peux rien vous dire», répondis-je. «C'est une nouvelle épreuve pour notre patience, et nous devons attendre. Une destination qu'ils sont obligés de trouver ; ce ne sera pas Rio, je crois. Nous verrons. Ils ne peuvent pas se passer de moi, c'est-à-dire que je suis seul capable de diriger le navire, et c'est peut-être là que réside notre sécurité. Mais il y a une chose que vous devez m'aider à réaliser, Miss Temple : je veux dire un comportement de sang-froid, de bonne humeur et de tact. Je crois que le diable lui-même est logé dans la peau de cette brute au dos rond de charpentier, et que l'équipage ne manque peut-être pas de certaines de ses qualités les plus savoureuses et agréables. Aide-moi donc à adopter l'attitude la plus inoffensive et la plus patiente, et ne dis rien toi-même, et même ne *regarde* rien ! car vos yeux sombres ont une éloquence brûlante qui leur est propre, et un homme n'a pas besoin d'entendre votre voix riche pour savoir ce qui se passe dans votre esprit.

Elle s'imposa au calme et parla à voix basse : « Si l'équipage insiste pour faire naviguer le navire vers une destination lointaine, n'y a-t-il rien que nous puissions faire pour les inciter à nous transférer sur un autre navire, ou à courir dans le atterrir assez près pour nous permettre de débarquer dans n'importe quelle ville de la côte ?

« Premièrement, laissez-les parvenir à une résolution. »

«C'est une situation choquante! Votre ancienne énergie semble vous quitter. Vous m'annoncez de terribles nouvelles d'une manière sans vie et vous parlez sans entrain de laisser l'équipage faire ce qu'il veut. Elle disait cela, gardant toujours son sang-froid forcé ; mais il y avait de la colère dans son regard, de l'humeur et du désespoir dans sa respiration, dans le frémissement de sa narine, dans le pincement de sa lèvre, quand elle avait parlé.

Je la regardai fixement, mais en silence, pesant sur son regard, pour ainsi dire, avec le mien jusqu'à ce que ses yeux tombent. « Pas encore sans esprit », dis-je. « Je ne permettrai pas non plus que vous me rendiez ainsi, Miss Temple.

Elle baissait la tête et se frappait les doigts avec les doigts, comme si elle avait besoin d'un exercice de ce genre pour réprimer ses émotions ou ses larmes. Wilkins est venu sous la lucarne pour me demander si j'étais prêt pour le petit-déjeuner. Je lui ai dit de nous l'apporter ; et il est arrivé avec du café, de la charcuterie et des biscuits. Je ne pouvais pas inciter la fille à manger. Même lorsqu'elle buvait une gorgée de café, elle semblait à peine capable de l'avaler. Sa misère était misérable à voir. Parfois, elle sursautait et envoyait un regard sauvage autour de l'horizon ; souvent, elle gémissait. J'ai essayé de lui mettre du cœur; mais je ne trouvais pas grand-chose à dire, ignorant comme je l'étais alors de ce que l'équipage avait l'intention de faire. La plupart d'entre eux semblaient se trouver dans la cuisine ou à proximité. Quelques-uns se tenaient dans l'embrasure de la porte et leur comportement suggérait qu'il y en avait d'autres à l'intérieur desquels ils écoutaient avec attention les paroles, quelle que soit la forme qu'elles prenaient, en nous jetant parfois un coup d'œil. Peu avant neuf heures, j'ai dit à Miss Temple que l'équipage arrivait à cette heure-là, et je lui ai demandé de se rendre dans sa propre cabine afin d'être hors de vue d'eux.

« Je ne peux pas rester sur le pont ? s'exclama-t-elle. « Mon suspense sera un tourment. Vous me bannissez dans une cellule souterraine.

« Vous vous retirerez dans votre cabine, s'il vous plaît, Miss Temple. Nous avons ici affaire à un équipage d'hommes qui n'ont plus de tête et dont le caractère peut devenir anarchique chaque fois qu'ils se rendront compte qu'ils sont leurs propres maîtres.

« Vous viendrez me voir dès que vous serez libre, M. Dugdale ?

"Très certainement."

Je l'accompagnai chez le compagnon et la regardai descendre les marches. Elle s'est arrêtée au bas de l'échelle pour me regarder avec des yeux de chagrin attrayant. À quel point elle était venue près de mon cœur, je n'aurais peut-être pas pu le deviner jusqu'à ce moment-là. J'avais envie de la prendre dans mes bras, de lui demander pardon pour tout acte ou discours sévère ou dur, de l'apaiser avec tous les espoirs brillants et réconfortants qu'il était en mon pouvoir de formuler. Un pas l'emporta hors de ma vue, mais pendant quelques minutes après, le souvenir de ses beaux yeux attrayants dominait toutes les autres pensées, et je ne pouvais penser qu'à sa noble silhouette, à la douleur de son visage incolore et de grande race, à la suggestion J'ai trouvé dans son attitude de désir de ma présence et de ma protection profondément touchante pour moi qui l'aimais, même si je ne savais pas que le motif de son désir ne se trouvait dans aucun autre sentiment que celui de sa peur.

Bientôt, le charpentier sortit de la cuisine, fit tomber les cendres de sa pipe et s'avança lentement vers la dunette, suivi par la plupart de l'équipage, qui s'arrêta en face du front de câlin.

« La cabane sera l'endroit où on pourra causer, dit-il ; 'on ne s'entendra pas les uns les autres ici. Il y a Joe Wetherly qui veillera pendant que vous et moi serons en bas.

«Je suis prêt», répondis-je.

Il appela Wetherly, qui se tenait à la taille, devant les autres. L'homme me tendit sa casquette alors qu'il montait sur l'échelle de dunette et me regardait d'un air significatif à travers les minuscules trous dans lesquels ses yeux étaient profondément enfouis. Je suis entré dans la cuddy avec le menuisier, qui s'est retourné en passant la porte pour crier : « Entrez, les gars. Neuf boursiers en tout ont suivi. La plupart d'entre eux avaient une sorte d'expression souriante et étonnée sur leurs visages ; mais çà et là je remarquai un visage déterminé.

'M. Lush, m'écriai-je, la gestion de cette affaire est entre vos mains. Je vous laisse décider des cérémonies que nous devrons traverser.

'M. Lush acceptera les applaudissements, dit l'un des hommes.

Le charpentier s'assit aussitôt dans le fauteuil du capitaine, au fond de la petite table. Les matelots s'assirent sur les bancs. Lush s'est exclamé : « M. Dugdale, tu es assis à mes côtés ici. Mes amis, installez-vous confortablement et faites de la place à monsieur.

J'ai pris la place qu'il m'avait indiquée et j'ai attendu avec un visage aussi résolu que possible ce qui allait suivre. Il y eut une pause pendant que le charpentier, roulant des yeux sur les matelots, semblait chercher dans son esprit les mots pour s'exprimer. Les hommes regardaient tour à tour lui et moi, jetant de temps à autre un regard autour de eux, surtout en direction du porte-gobelet, sur lequel ils jetaient des regards assoiffés. Dans cette brève période de silence, j'ai cherché à interpréter leurs intentions à partir de leurs postures ; mais il n'y avait pas grand-chose pour me rassurer dans leur attitude. Il y avait là une sorte de défi qui s'est immédiatement fait sentir. Ils étaient vêtus pour la plupart de chemises et de culottes de canard ou de salopettes ; leurs seins étaient nus, avec la vue çà et là de quelques engins à encre et à poudre qui s'éparpillaient parmi les cheveux ; ils s'appuyaient sur leurs bras nus et musclés ou s'asseyaient, les repliant, me regardant ou regardant le charpentier. Il n'y avait aucune trace d'une telle méfiance que l'on pourrait s'attendre à trouver chez les gaillards d'avant occupant le salon ou la cabine d'un navire.

« Nous nous préoccupons , commença le charpentier en parlant lentement et en me regardant du coin de l'œil, de l'état dans lequel nous sommes plongés par le suicide du capitaine Braine. Tout le monde est d'accord, sauf un, qui dit qu'il ne se soucie pas beaucoup de la façon dont cela se passe.

« Qui est-ce celui-là ? » J'ai demandé.

«Joe Wetherly », répondit-il.

J'ai attendu, mais il semblait exiger que je l'interroge.

« Vous êtes tous d'accord, dites-vous, M. Lush… sur quoi ?

Il toussa, enfonça ses doigts dans sa cravate pour se soulager la gorge, puis dit : « Eh bien, maintenant, je vais vous dire exactement comment ça se passe. Wilkins était à côté de la cabine du capitaine lorsqu'il vous a parlé de cette affaire de deux cent mille livres cachées dans une île des mers du Sud. Il s'avance et nous raconte tout. Il fit une pause, puis dit avec un ton d'impatience : « Bien sûr, vous devinez maintenant sur quoi nous avons décidé ?

« Priez, expliquez-vous », dis -je, comprenant mais trop bien, et sentant le sang quitter ma joue .

"Eh bien," dit le charpentier avec un petit rire, "ce que nous avons décidé, c'est de naviguer jusqu'à cette île là-bas et de récupérer l'argent."

« Cela ne sert à rien de laisser tout cet argent là pour que les sauvages puissent le déterrer », s'est exclamé l'un des hommes.

'M. Lush, dis-je, je suis un étranger à bord de ce navire et je n'ai qu'un seul désir, c'est de le laisser avec la jeune dame qui était ma compagne de voyage à bord de l'Indiaman. Vous ferez bien sûr ce que vous voudrez du navire. L'action de l'équipage ne peut faire partie de mes affaires. Tout ce que je demande, c'est que vous signaliez le premier navire avec lequel nous tomberons, qu'il se dirige comme il l'entend et que vous nous transbordiez.

Un grognement « Non ! » courut parmi les hommes. Le menuisier en fit écho d'un coup de poing sur la table. 'Non monsieur! nous ne pouvons pas vous épargner. Ce sera *vous*, M. Dugdale, qui nous transporterez sur cette île.

Ma consternation était trop visible pour qu'elle puisse être ignorée même par les yeux ignorants qui étaient fixés sur moi.

« Vous serez traité équitablement, monsieur, » dit l'un des hommes avec un air et un ton conciliants. "Nous vous avons permis d'être un gentleman Comme vous serez emporté par les parties auxquelles il veut se rendre, M. Lush et nous, les hommes, en avons longuement discuté, et la part de l'argent que vous choisissez de nommer est la part que vous aurez pour le temps et les ennuis de ce moment. la navigation va vous coûter cher.

Un murmure d'assentiment suivit ce discours, plusieurs têtes hochant la tête avec une telle véhémence que leurs cheveux dansaient autour de leurs yeux.

« Mais, hommes, m'écriai-je en me tournant vers eux et en leur parlant ensemble, vous n'allez sûrement pas me persuader que vous *croyez* à cette histoire du capitaine ?

« N'est-ce pas ? » demanda le charpentier avec un ton sarcastique.

« C'était l'imagination d'un fou, continuai-je, une fantaisie folle, les hommes ! Il n'y a sûrement pas de marin ici mais je savais que le capitaine était fou. Ses actions, ses paroles, son apparence même ne le prouvent-ils pas fou ? Et quelle preuve plus convaincante de sa folie pourriez-vous désirer que le dernier acte de sa vie ?

Deux ou trois gars ont grommelé quelque chose, mais je n'ai pas compris les mots. « Fou, n'est-ce pas ? » s'écria le charpentier d'une voix de sarcasme grossier et morose ; "Vous ne pensiez pas cela lorsque vous vous êtes démarqué pour une part."

« Comment savez-vous, m'écriai-je, que je me suis démarqué pour une part ?

« Par Dieu, alors, rugit-il, nous savons tout ! Avez-vous ou non signé un accord pour une part ?

«Je l'ai fait», répondis-je, «mais simplement pour amuser la folie de cet homme. J'aurais dû laisser le navire à Rio.

« Cela ne sert à rien de parler », s'écria-t-il en adoucissant un peu sa voix ; « Le pacte entre vous a été entendu. Moi et les autres, nous allions être éliminés à Rio. Ensuite, un équipage de Kanakas devait être expédié au large des îles Sandwich. Ensuite, avec l'or à bord caché hors de vue, vous et lui deviez expédier de nouvelles mains. Fou?' » cria-t-il d'une manière indescriptiblement ricanante ; 'non, non, ça ne marche pas . Vous ne l'avez donc pas pensé fou, lorsque vous lui avez fait prévoir que si la loi l'arrêtait pour s'être enfui avec son navire, vous seriez garanti sans péril par ce que vous ou lui avez tarmé un instrument . Vous ne le pensiez pas fou à l'époque, et vous ne le pensiez pas fou maintenant.

« Wilkins, m'exclamai-je au jeune homme assis au coin de la table, vous avez entendu cette conversation, et vos oreilles étaient assez fines pour en capter chaque syllabe. N'étaient-ils pas assez vifs, mon garçon, pour juger au ton de ma voix que j'acceptais l' humeur de ce fou simplement pour l'inciter à se diriger vers le port voisin de Rio, afin que moi et la dame puissions nous éloigner rapidement de ce navire ? '

L'homme au visage de veau bougea avec inquiétude devant les nombreux yeux qui étaient tournés vers lui ; mais il répondit néanmoins avec résolution et emphase : « Vous avez stipulé des tarifs , spécialement pour une part, et vous avez parlé comme si vous étiez dans un nid aérien .

'M. Lush, m'écriai-je, je suis un gentleman. Croyez-moi, sur mon honneur , lorsque je vous jure que j'ai accepté l'histoire du capitaine comme une invention de fou, et que je semblais être d'accord avec lui uniquement pour pouvoir m'éloigner de son navire le plus tôt possible.

« Quel était le document que vous avez signé, monsieur ? » demanda l'un des marins.

« Ah ! c'est ça », s'écria un autre ; « Voyons l' instrument , tel que M. Lush le prépare . »

Je les avais tous deux dans mon portefeuille , dans l'intention de les conserver comme curiosités et comme illustrations de mon aventure avec Miss Temple. Je ne pouvais pas refuser de les produire, et je ne m'abaisserais pas non plus au mensonge ; mais j'étais conscient, en sortant le portefeuille, sous la surveillance attentive des marins, que le simple fait de transporter les papiers avec moi comme si je les considérais trop précieux pour être mis de côté dans un tiroir, était fortement contre le assurance que j'avais donnée aux hommes. Le menuisier récupéra les documents.

« Qui peut lire ici ? dit-il en regardant autour de lui. Il n'y eut pas de réponse. «Voulez-vous les réciter , monsieur?» continua-t-il en tournant vers moi ses yeux maussades.

«Voilà Joe qui sait lire», interrompit une voix.

«Oui, appelle Joe», s'est exclamé un autre homme.

Cela signifiait qu'il ne fallait pas me faire confiance. Ils pourraient penser que j'inventerais au lieu de lire, et il n'y avait aucun homme présent capable d'épeler un mot pour réfuter ce que j'avais choisi de livrer. Le couvercle sous le vent de la lucarne était ouvert. Le charpentier fonça dessus en rugissant pour Joe Wetherly, qui descendit aussitôt en dessous.

'Qu'est-ce que c'est?' » demanda-t-il en regardant ses compagnons.

« Tiens, Joe, dit le charpentier, tu es le seul érudit à bord de nous. Allez, allez , et écoutons ce qui est écrit sur ces papiers.

L'homme m'a regardé avec une expression de sympathie et de pudeur. 'J'espère qu'il y a rien de privé à ce moment-là et cela va à l'encontre de votre souhait, monsieur ? ' il s'est excalmé. "Je suis pour rester neutre dans ce travail ici."

« Je vous en prie, lisez », dis-je.

Il l'a fait, en soutenant et en complétant ses postures à la manière d'un véritable marin tout en luttant pour écrire, récitant les mots lentement, avec des pauses considérables entre les deux, ce qui a donné à ses auditeurs le temps de digérer ce qu'il a prononcé. Il a ensuite déposé les papiers, mais avec un air étonné, comme je l'ai remarqué avec chagrin et anxiété, comme s'il avait été auparavant incrédule à l'égard de l'histoire du capitaine, il commençait maintenant à la considérer comme un fait face à de telles preuves documentaires. comme il l'avait lu.

« Très bien, Joe ; merci, dit le charpentier d'un ton bourru ; 'vous pouvez remonter sur le pont . ' L'homme gravit l'échelle lentement, comme perdu dans ses pensées. "Les gars", s'est exclamé Lush, "vous conviendrez avec moi qu'il n'est pas nécessaire d' argumenter davantage après ce que vous venez d'entendre."

« L'argent est suffisant et nous le récupérerons », a déclaré l'un des hommes.

« Où est la carte de l'île dont Wilkins a dit que le capitaine avait parlé ? » s'enquit le jeune marin souple et audacieux avec qui j'avais parlé au volant lorsque j'avais trouvé la barque hors de sa route.

Tous les regards étaient immédiatement tournés vers moi. « Vous le trouverez dans le tiroir de la table de la cabine du capitaine, dis-je.

L'homme entra froidement dans la couchette et revint aussitôt avec une poignée de papiers. « Lequel sera-t-il, monsieur ? s'exclama-t-il en les plaçant devant moi. J'ai ramassé le tableau en parchemin et je l'ai donné au charpentier, qui l'a étalé devant lui, et instantanément tous les hommes se sont approchés de sa chaise et se sont tenus en un tas de personnages en train de tondre et d'essuyer ses épaules pour avoir une vue. , rejetant les cheveux d'un coup de tête hors de leurs yeux et respirant fort d'excitation.

« Je suppose que vous êtes capable d'expliquer la signification de ces marques ici ? s'écria le charpentier en appuyant son pouce en forme de pelle sur le contour de l'île.

« Vous aurez le fil tel que le capitaine me l'a donné », dis-je, parlant la gorge sèche, mortifié et malade au cœur ; car il n'était que trop certain maintenant que mes accords avec le capitaine, couplés à cette carte, avaient durci la conviction des hommes en une résolution inébranlable. Ils écoutèrent avec un intérêt haletant pendant que je leur disais que le dard de la flèche indiquait la situation de l'argent enterré ; que le trésor était caché à tant de pas des eaux de la lagune ; que la tache au centre de la baie était censée exprimer un pilier de corail qui servait de marque pour obtenir le repérage de l'or ; et ainsi de suite. Je vois leurs yeux fiévreux pendant que j'écris aller et venir de mon visage à la carte, et les diverses expressions d'exultation, de détermination enthousiaste, d'étonnement et de plaisir sur la foule de visages sur les épaules du charpentier.

« Vous avez maintenant ce que le capitaine m'a expliqué, dis-je ; « Mais c'était un fou, mes amis ; et je prends Dieu à témoin que, même si cette île est réelle, l'argent est la monnaie d'un esprit malade.

« Pourtant, vous ne bougeriez pas tant que vous ne l'auriez pas convaincu de vous donner une part », dit le charpentier. "Les garçons, retournez chez vous pendant que je vous présente la résolution sur laquelle nous avons tous décidé."

Les matelots reprirent précipitamment leur place. Le menuisier regarda lentement autour de lui, puis s'adressa à moi, les yeux au coin des orbites, tandis que son visage pointait droit vers la table.

"Nous sommes ici sans capitaine " , commença-t-il, "et bien que cette barque n'est-ce pas nôtre , nous entendons l'utiliser. Nous ne prévoyons aucun acte de piraterie. Quand nous aurons l'or, nous livrerons le navire et sa cargaison, ce dont nous ne nous mêlerons pas. Nous sommes tous des travailleurs, et l'argent équitablement réparti sur cette île nous rendra tous indépendants à vie. Il n'y a rien de plus complexe que le travail de récupération, et cela doit être facile à gérer. Les hommes acquiescèrent avec insistance. « Vous êtes un navigateur, M. Dugdale , et nous ne pouvons pas nous passer de vous . Il ne sert à rien de parler d'embarquer un autre homme à votre place, parce que, voyez-vous, cela nous obligerait soit à communiquer avec un navire de passage, soit à entrer dans un port, ce qui ne doit être ni l'un ni l'autre , vu la nature. du secret qui est le nôtre et que nous entendons garder pour nous . Nous sommes disposés à examiner tous les tarifs que vous jugerez appropriés de proposer. Comme Bin l'a dit, la part que vous nommez est la part que vous aurez. Vous serez capitaine et traité comme capitaine . Vous et la dame vivrez dans cette partie du navire sans mollystation , comme on dit ; et vous nous trouverez un équipage perlite et volontaire, qui s'en tiendra à notre côté du pacte tout comme *vous* adhérerez au vôtre . L'argent que vous gagnerez grâce à ce travail, monsieur comme vous l'êtes, vous remboursera, vous et la dame, pour la perte de temps et pour le travail accompli. Ça ici la barque sait naviguer, et ni moi ni vous ne l'épargnerons ; car nous sommes maintenant pressés et ce voyage ne peut pas se terminer trop vite pour nous plaire à tous. Ce sont nos textes , que vous pouvez mettre par écrit s'il vous plaît, et nous y écrirons nos notes . Il ne doit y avoir aucune communication avec les navires ; et *vous devez être honnête* !' Il a dit cela avec un froncement de sourcils soudain, en me regardant fixement. « Est-ce que c'est ce que vous pensez, les hommes ?

Il y a eu une réponse d'ouragan : « Oui, oui ! C'est exact; c'est exact.'

«Donnez-moi un peu de temps pour réfléchir», dis-je, observant que le charpentier avait terminé .

« Quand aurons-nous votre réponse ? il a ordonné.

'Pour midi.'

«D'accord», s'est-il exclamé. « Voici vos deux documents. Je vais m'occuper de ce tableau.

Quelques minutes plus tard, j'étais seul.

CHAPITRE XXXIV
I CONSENTEMENT

Je me suis assis alors que les marins m'avaient laissé à cette table, perdu dans mes pensées, concentrant toutes les énergies de mon esprit vers la pleine réalisation de ma situation, afin que mon jugement puisse me conseiller judicieusement. J'ose dire que je restai ainsi pendant plus de vingt minutes, aussi immobile que l'était toujours le cadavre que nous avions rencontré dans le rouf de l'épave. Puis, me levant lentement, je me dirigeai vers l'une des fenêtres de la cabine et restai machinalement à regarder le ciel pie qui viendrait avec un balayage, à mesure que le navire roulait au vent, jusqu'à la ligne lancinante de l'horizon mousseux ; et ainsi je continuais, pensant toujours, pesant une considération puis une autre, formant des résolutions que l'effort suivant de la pensée rendait impuissantes, jusqu'à ce que je sois parvenu à une détermination ; quand, sortant de ma rêverie profonde et douloureuse, je descendis dans l'entrepont et frappai à la porte de la cabine de Miss Temple. Elle l'ouvrit aussitôt.

'Enfin!' elle a pleuré. « Oh, M. Dugdale , qu'avez-vous à me dire maintenant ?

« Allons à la cabane, répondis-je ; nous y serons seuls. La tristesse de ces quartiers est horriblement déprimante.

Mes manières l'ont amenée à me regarder pendant un moment ou deux avec un empressement fébrile à m'examiner ; elle monta alors les marches, et je la suivis.

«J'aimerais avoir des nouvelles à vous donner qui pourraient vous réconforter», dis-je en m'asseyant à côté d'elle. « Les hommes m'ont quitté il y a une demi-heure. Depuis, j'ai beaucoup réfléchi et je vais vous dire maintenant où en sont les choses et comment je crois devoir agir.

Elle respirait rapidement, mais ne disait rien. Ses yeux me dévoraient, tant sa curiosité et sa peur étaient passionnées.

« La conversation du capitaine avec moi, commençai-je, a été, comme vous le savez, entendue par le coquin Wilkins, qui nous sert. Il a dû écouter avec soif ; il n'a pas perdu une syllabe et il a transmis chaque phrase à l'équipage. Ils sont pleinement convaincus de la véracité de cette folle histoire ; ils sont fermement persuadés qu'il y a quelque deux cent mille livres de pièces d'or enfouies dans cette île des mers du Sud ; ils ont également été informés par cet auditeur scélérat que j'avais insisté pour qu'un accord soit signé et devant témoin ; ce qui, bien sûr, les a confirmés dans leur opinion selon laquelle je crois moi-même jusqu'au bout à l'histoire du capitaine. Leur demande est donc que je conduise le navire jusqu'à l'île, afin qu'ils puissent déterrer l'argent qui y est caché.

Elle écoutait avec une horreur silencieuse.

« Ils se moquent de mon assurance que le capitaine était fou, poursuivis-je, et ils ne voient rien dans son suicide qui puisse les faire douter de la véracité absolue de son histoire.

« Et qu'est-ce que tu leur as dit ?

« Que je dois avoir le temps de réfléchir et que je leur donnerai une réponse à midi.

'Qu'en *penses*-tu?' » demanda-t-elle en scrutant mon regard de ses yeux fiers.

"Je ne vois rien d'autre à faire que d'entreprendre de diriger le navire vers le Pacifique Sud."

'Es-tu fou?' elle a presque crié. « Vers le Pacifique Sud ! Ne leur avez-vous pas dit que vous insisterez pour qu'ils arrêtent le premier navire qui passe et qu'ils nous mettent, vous et moi, à son bord ?

« Il ne faut pas les raisonner », répondis-je doucement; « Le rêve de cet or a réveillé en eux un appétit qui pourrait facilement les transformer en bêtes sauvages, si je refuse de les aider à satisfaire leur faim. Ils ne souffriront d'aucune communication avec aucun navire de passage ; ils ne me permettront pas de me diriger vers aucun port. Leur proposition est que je serai capitaine et que j'aurai, avec vous, l'usage exclusif de cette extrémité du navire, et ils me promettent un bel usage. Mais derrière les conditions qu'ils souhaitent que j'accepte se cache une menace que je devrais être aveugle pour ne pas voir. Je dois faire ce qu'ils veulent, ou ce que ce méchant Lush a imaginé pour qu'ils veuillent, ou Dieu seul sait quel peut être l'issue pour vous comme pour moi.

Elle était assise et me regardait comme si elle était paralysée.

« Mon intention, poursuivis-je, est d'informer le charpentier à midi que j'accepte les souhaits de l'équipage.

Elle était sur le point de parler ; J'ai levé la main.

« Je vous supplie de me laisser faire. Ne raisonnez pas. Vous ne pouvez offrir aucun remède à cette situation, sauf celui d'une exigence hautaine qui, à moins que vous ne puissiez la soutenir, comme théorie d'évasion, par une bande d'hommes capables de tirer les gaillards vers l'avant, ne sera plus d'aucune utilité pour vous ni pour moi qu'une plume à un homme qui se noie. Ma résolution est de consentir à diriger ce navire vers cette île des mers du Sud. L'île est peut-être imaginaire ; la déception de l'équipage peut nous obliger à une chasse ; ils croiront alors certainement que l'histoire du capitaine était une fantaisie d'un fou , et me demanderont de les conduire dans quelque port voisin. Ce sera l'enjeu de l'aventure, en supposant que tout se passe bien d' ici là. Mais que peut-il se passer entre-temps ? Une tempête pour nous paralyser et nous forcer à demander de l'aide ? La mer regorge d'inattendus. Il faut attendre la fortune. Rien ne me tentera de tenter de lui forcer la main par quelque attitude que ce soit qui ne soit faite de tact, de bonne humeur et d'une résolution secrète et inébranlable à saisir à la première occasion qui se présente. Pourquoi une telle politique ne vous est-elle pas due, Miss Temple ? Par rapport à ce qui *pourrait* arriver si je ne traitais pas ces hommes comme un combustible ne pouvant en aucun cas être approché avec une matière qui pourrait leur donner le feu, cette existence, cette existence insupportable que nous traversons actuellement pourrait être regardée en arrière. comme un véritable paradis. J'ai un à douze ans, et tu n'as d'autre protecteur que moi. Penses-y! Supportez donc mon jugement ; aide-moi en t'efforçant de témoigner de la sagesse dans ma détermination ; et surtout garde ton cœur, qui est celui d'une Anglaise, dont le pouls doit se renforcer à mesure que la route s'assombrit.

Elle avait mis ses mains sur son visage et restait assise à m'écouter en se balançant légèrement. Actuellement, elle leva les yeux.

«J'aurais aimé avoir l'esprit que vous me demandez de montrer», dit-elle à voix basse. « Vous avez peut-être bien résolu – mais cette longue aliénation de la maison – la misère de cette existence – le péril dans lequel nous sommes, qui chaque jour, qui chaque heure, semble augmenter – oh, c'est dur à supporter ! Je m'efforcerai de m'instruire moi-même, je m'efforcerai de voir avec vos yeux, s'interrompit-elle en sanglotant.

«Tout ira bien», m'écriai-je; « c'est entièrement une question d'attente. Avez-vous de la patience ? Oui, et votre patience vous gardera optimiste. Faites-moi confiance et faites confiance à mon jugement.

J'ai pris sa main dans les miennes et je l'ai pressée. Elle n'a pas proposé de le retirer. En effet, il semblait qu'elle trouvait du réconfort dans le fermoir ; sa dure expression de consternation s'adoucit, et ses beaux yeux prirent le même air d'attrait que j'y avais remarqué lorsqu'elle descendit dans sa cabine.

« Il y a encore une chance, dis-je, que je puisse persuader l'équipage de vous transférer sur un navire de passage. Je pourrais en effet, continuai-je en m'échauffant à cette idée, insister sur ce point dans le cadre de mon accord avec eux.

Elle secoua légèrement la tête et son regard tomba.

« Combien de temps nous faudra-t-il pour atteindre cette île ? » » demanda-t-elle en gardant le regard baissé.

« Dix ou douze semaines, peut-être. »

Elle se mordit la lèvre pour pouvoir parler avec calme et dit : « En supposant qu'il n'y ait pas d'or, que fera-t-on ?

«Je ne peux pas le dire», répondis-je; « Nous pouvons être tout à fait certains qu'il n'y a pas d'or. Il reste encore à savoir si même l'île du pauvre malheureux est réelle.

« S'il n'y avait pas d'île, M. Dugdale ?

« Eh bien, comme je viens de le dire, les hommes vont d'abord supposer que je me suis trompé dans ma navigation et m'obliger à continuer à chasser un peu. Mais une telle quête ne tardera pas à les lasser, et ils me demanderont probablement de les conduire jusqu'à la côte.

« Dans quelle partie ? »

« Valparaiso, probablement. Ce sera un port proche dans ces mers.

« A ce rythme-là, s'écria-t-elle avec une expression d'impatience et de consternation, nous naviguerons pendant cinq ou six mois sans la moindre possibilité de débarquer, de rentrer chez moi, de pouvoir obtenir de la monnaie. de la tenue vestimentaire.

« À condition que rien ne se passe. Et même en supposant que vous soyez obligé de mener cette aventure jusqu'au bout, le pire qui vous arrive est un divorce d'avec votre foyer désagréablement long, accompagné de désagréments dont vous devriez rire quand vous y pensez côte à côte avec le tragédie dans laquelle cette divagation est facile à intégrer.

Cependant, malgré son petit effort pour regarder la difficulté en face, elle semblait abasourdie. Elle sursautait parfois pendant que je lui parlais et jetait un regard fou autour de la cabane, comme si elle ne pouvait pas se rendre compte de sa situation et cherchait à se persuader qu'elle était dans un rêve. J'étais affligé pour elle au-delà des mots, mais je ne montrerais pas non plus trop de sympathie, de peur d'accentuer indûment la signification de notre condition et de lui faire croire que je la croyais plus sombre et plus périlleuse qu'elle ne l'était en réalité. Elle avait été soutenue par l'espoir de s'échapper sur un autre navire, ou de débarquer sous peu à Rio, et de rentrer chez elle à partir de là ; et la déception venant s'ajouter à la perception que notre aventure, dure et bouleversante comme elle l'avait déjà été à certains égards, ne faisait en réalité que commencer, semblait la briser. J'ai fait de mon mieux pour prendre cette affaire à la légère : j'ai dit que, sans mon inquiétude pour elle, j'aborderais cette affaire avec un plaisir positif, l'acceptant comme un roman sauvage sur la mer, ce qui pourrait rarement arriver à un homme dans sa vie. , et qu'il devrait vivre et voir, ne serait-ce que pour le souvenir d'un passage pittoresque et émouvant qui, au plus long, serait pourtant bref.

« Quant aux vêtements, dis-je, il y a des aiguilles et du fil en avant, et je ne doute pas que lorsque vous y serez mis, vous serez en mesure de vous en sortir. Et puis , supposons que cette histoire du capitaine se révèle vraie ! supposons que nous trouvions effectivement enterrée à l'endroit qu'il a indiqué une masse d'or qui, divisée également entre nous, rapporterait à chacun plusieurs milliers de livres !

Elle scruta mon visage de ses yeux brillants. « Vous ne croyez pas cela ? elle a pleuré.

«Certainement pas», répondis-je. "Je ne fais que supposer."

«J'aimerais pouvoir lire dans ton cœur; J'aimerais pouvoir être sûr que votre détermination à accéder aux souhaits de ces hommes n'est pas due à de la sympathie pour leurs propres idées.

J'éclatai de rire. « De combien de péchés pensez-vous que je suis capable ? M'écriai-je. « À combien d'énormes folies suis-je égal ? Je crois que vous me considérez déjà secrètement comme un pirate. Oh, Miss Temple, aucun homme ne pourra jamais se sentir de mauvaise humeur en conversant avec vous, dites ce que vous voulez. Mais vous essayez un peu, de temps en temps. Pourquoi souhaites-tu lire dans mon cœur ? Vous pourriez découvrir des sentiments qui me rendraient détestable à vos yeux.

«Je ne vous comprends pas», s'exclama-t-elle, l'air quelque peu effrayée.

« L'admiration pour vous, pour une personne que vous n'aimez pas, vous ferait la détester. »

'M. Dugdale , est-ce le moment de bavarder aussi faiblement qu'il serait difficilement supportable dans un environnement de sécurité et de confort ? Je ne serais pas aussi malheureuse que je le suis si je sentais que ma mère sait où je suis, qu'elle est consciente de tout ce qui m'est arrivé et que nous devrions nous revoir.

« Tout ira bien », dis-je en regardant ma montre. « Je dois me préparer maintenant à faire un tour et à faire savoir au charpentier la détermination à laquelle je suis parvenu. Soutenez-moi, Miss Temple, dans mes efforts en faisant preuve de tout votre tact. Et maintenant , viens sur le pont avec moi, tu veux ? Il y a de la vie dans la scène fraîche et mousseuse du dehors, et vous trouverez du courage dans la simple vue du vaste horizon, en pensant à ce qui se cache derrière et à la façon dont le temps fera tout selon vos souhaits.

J'entrai dans la cabine du capitaine pour chercher un sextant, puis, avec Miss Temple, je montai sur le pont. Lush marchait de long en large du côté exposé de la merde. Les matelots s'étalaient en avant dans toutes les ombres de la toile qu'ils pouvaient trouver, la plupart fumant, le visage rouge comme des drapeaux de poudre par la chaleur. Il faisait chaud, le soleil brillait presque au-dessus de nos têtes de mât, avec une piqûre semblable à une morsure féroce dans chaque lancement fulgurant de son rayonnement entre les nuages blancs comme de la laine soufflant transversalement sur sa trajectoire, malgré le fort souffle du vent qui le balayait. » vint se fendre en longs sifflements sur notre gréement depuis un peu en avant de la poutre, le souffle étant presque humide jusqu'à la chair à la vue des eaux écumantes se fondant en levure dans les longues lignes bleues de la vague atlantique. La barque, faisant souffler une bonne brise, traversait les mers avec noblesse, soulevant de vastes masses de blanc palpitant de sa proue météo avec un sillage se tordant à l'arrière d'elle de deux fois sa largeur, un large chemin de lumière scintillante. , sautant, soufflant des cristaux et des flocons d'écume et des tourbillons crémants s'élevant et retombant sur un mile à l'arrière dans le bleu venteux là-bas, plein de feu et de neige tel qu'il paraissait avec l'écume des vagues déferlantes et la splendeur de la lumière du soleil.

Le menuisier s'est arrêté à mon arrivée. Je m'approchai aussitôt de lui, Miss Temple à mes côtés.

« J'ai réfléchi à la question, dis-je, et j'accepte les conditions des hommes.

"Ravi de l'entendre", répondit-il, avec un lent sourire boudeur traversant son visage maussade. 'Si vous vous souciez d'un engagement écrit '——

«Non», l'interrompis-je avec mépris; « Mon accord est basé sur le vôtre. Si vous n'en respectez pas pieusement chaque article, j'abandonne ma part.

Il me regardait avec la tête légèrement de côté, mais sans aucune apparence de ressentiment face à mon ton péremptoire. Aussi grossier et illettré que soit cet homme, il avait suffisamment de discernement pour être témoin de ce qu'il considérerait comme une sincérité de mes intentions dans mon franc-parler.

« Tout ce que vous avez à faire, dit-il, c'est de nous transporter jusqu'à cette île. Vous faites votre part et vous n'aurez aucune occasion de nous plaindre de ne pas faire la nôtre . Mais... tu le *feras* . Vous me comprenez , M. Dugdale ? Tant que vous êtes honnête, vous *nous trouverez* honnêtes.

La vilaine signification qu'il donnait à ces paroles par le regard qui les accompagnait, je ne pouvais espérer l'exprimer. Miss Temple, dont la main était sur mon bras, se rétrécit à mes côtés. Cela me plaisait qu'elle ait été témoin de ce regard et entendu ces paroles, car ils iraient plus loin pour la persuader que la seule voie à choisir en cette affaire était celle que j'avais prise, plutôt que n'importe quel raisonnement de ma part.

« Vos menaces me sont parfaitement indifférentes », m'exclamai-je en le regardant froidement et fixement. "Je crois connaître votre caractère, et ne remettez pas en question votre capacité à jouer à nouveau le rôle que votre capitaine m'a dit que vous aviez déjà joué."

'Ca c'était quoi?' » grogna-t-il, mais sans autre changement de visage que celui que pouvait produire l'humeur. Il me sembla trouver même dans cette petite chose que le capitaine m'avait menti lorsqu'il accusait cet individu de meurtre, et mon esprit se sentit soudain plus facile quant à la conviction de la vérité d'une affaire moins sombre que ce que j'avais osé croire. .

«C'est mon affaire», répondis-je, conservant mon sang-froid presque méprisant. « Vous ne devez pas prendre la peine de me menacer. Vous n'obtiendrez rien grâce à vos menaces de gaillard d'avant. J'ai été marin à mon époque et je sais très bien qui vous et vos semblables êtes. Si vous ou l'un de vos amis me décevez sur un seul point de l'entente entre nous, je jetterai ce sextant, lui dis-je en le brandissant sous son nez, par-dessus bord, et vous pourrez tâtonner autour du Horn du mieux que vous voudrez. peut. Cet accord est le suivant : « J'ai levé mon index. « Premièrement, nous devons avoir l'usage exclusif de cette extrémité du navire ; toi seul venant à l'arrière pour faire ton quart. Il acquiesca. J'ai érigé un autre doigt. — Ensuite : la cabine du capitaine et celle attenante seront occupées par cette dame et moi. Il hocha de nouveau la tête. J'ai levé un troisième doigt, le rapprochant de son visage. « Ensuite : Wilkins continue de nous servir comme auparavant ; nous devons être nourris avec soin et ponctualité ; il faut clairement comprendre — et *vous y* veillerez — qu'aucune boisson alcoolisée à bord n'est offerte en dehors d'un ou deux tots par homme et par jour ; car, dis-je en parlant avec la plus grande détermination que je pouvais imaginer, s'il devait y avoir une seule manifestation d'ivresse parmi l'équipage, je jetterais ce sextant par-dessus bord.

«Je n'ai rien à dire de plus », s'est-il exclamé, parlant avec une sorte de respect maussade, comme impressionné par mon énergie et mon langage.

« Ensuite, poursuivis-je, je dois être capitaine, et ce que je dis doit être une loi, et ce que je fais doit être fait. »

« Sauf ça », dit-il en levant deux doigts carrés pour imiter mon geste : « Fust, tu ne vas pas nous ordonner de parler à un navire, et ensuite tu ne vas pas nous faire t'obéir si tu le dois. mettez-vous en tête de mettre le cap sur un port.

«Non», répondis-je, «cela fait partie de mon accord. Pourtant il y a ceci à dire : ce n'est qu'une vaine cruauté que d'emmener cette jeune dame autour du cap Horn dans le Pacifique. Elle est sans autre vêtement que ce que vous voyez ; elle est dépourvue de presque toutes les commodités ; sa mère est en mauvaise santé, et elle souhaite revenir le plus rapidement possible, afin qu'aucune nouvelle de nous ne parvienne en Angleterre qui ne soit parfaitement vraie. L'équipage ne s'opposera donc pas à parler d'un navire afin que nous puissions lui transférer cette dame.

'Non!' » rugit-il.

« Son départ me rassurera quant à sa sécurité, continuai-je, et je pourrai mieux vous servir en sachant qu'elle rentre chez elle.

'Non!' il rugit encore ; « Elle est en sécurité à bord de nous. Il ne faut pas parler avec les navires. « D'un autre côté, ajouta-t-il en reculant d'un pas avec un mouvement rond du bras, la dame sait tout sur l'or, où il se trouve et comment on l'obtient.

«Je peux garder un secret, M. Lush», s'est-elle exclamée.

« Non, répéta-t-il en frappant du pied ; "Désolé pour cela, madame, mais vous y êtes, et ici vous devez vous arrêter. Je sais ce que l'équipage dirait. Je ne fais qu'exprimer ce qu'ils pensent. Ici, arrêtez-vous, madame . M. Dugdale , cela faisait partie du marché, tel que nous l' avons compris ce matin . De plus, madame, ajouta-t-il avec un regard indescriptible, vous ne voudriez pas être séparée de lui *maintenant*, n'est-ce pas ?

Elle s'est déplacée de manière à le mettre entre moi et elle.

« Cela suffira, M. Lush, » dis-je. « Je connais vos souhaits, et vous connaissez maintenant ma résolution ; et en disant cela, je me dirigeai vers une partie du pont où je pouvais commander le soleil, et je me mis au travail avec mon sextant, parlant à Miss Temple à voix basse tout en lorgnant le luminaire.

« Vous voyez maintenant comment ça se passe ? Si j'avais refusé d'accéder aux souhaits de l'équipage, ils auraient pu m'envoyer à la dérive sur un bateau... seul. J'ai ajouté de manière significative.

«C'est une créature des plus épouvantables. Vous lui avez parlé avec courage. Mais est-ce que cette manière-là est ce que vous appelez du tact ?

'Oui. L'homme ne doit pas imaginer que j'ai peur de lui. J'aimerais pouvoir l'étouffer avec ses propres menaces.

"Je crois qu'il n'hésiterait pas à nous assassiner tous les deux."

« Ils ont décidé de naviguer vers l'île, et ils veulent dire que je les y porterai. Cette détermination était forte en eux lorsqu'ils entrèrent dans la cabine. Si j'avais refusé... Mais n'importe ! Il se peut que je parvienne encore à les inciter à parler de navire.

Elle n'a fait aucune réponse. Il y eut un court silence entre nous.

« Faites huit cloches ! » J'ai crié, et les carillons flottaient avec le vent impétueux alors que je marchais vers l'arrière vers la compagne, Miss Temple toujours à mes côtés.

Je me rendis directement à la cabine du capitaine, j'y fis mon observation et fixai la bonne position de la barque sur la carte. La direction qu'elle suivait se trouvait être la véritable direction qu'elle devait prendre, et il n'y avait rien à y remédier. Miss Temple s'est approchée de la table et m'a regardé pendant que je faisais mes calculs. Quand j'ai fini, je lui ai demandé de rester où elle était et je suis revenu avec la carte sur le pont. Je fis signe au menuisier, qui se tenait au bord de la dunette, comme s'il attendait mon arrivée pour aller dîner.

« Voici notre situation aujourd'hui, m'écriai-je en montrant la carte — c'était une carte du monde — et voici le cap Horn. Notre cap est alors celui où nous dirigeons.

Il regarda la carte avec le regard aveugle et stupide d'un homme qui ne sait pas lire, et après un moment il dit : « Voyons voir : ici c'est le sud, ici c'est l'ouest, n'est -ce pas ? Et voici le Cap Horn, comme vous dites. Oui, notre parcours est à peu près parfait, je l'admets.

Tandis que j'enroulais le tableau, je m'écriais : « Ce n'est pas pratique de se retrouver sans attente pour un troisième relève. Toi et moi, nous voulons dîner en même temps, et il n'y a personne pour veiller à la place de l'un de nous. L'homme qui était en charge ce matin pendant que nous étions en bas semblait être un marin régulier très respectable. Supposons maintenant, en m'appelant capitaine, et vous en second, que nous le nommions, avec l'approbation de l'équipage bien sûr, second lieutenant.

« Je ne sais pas comment je devrais faire ça », répondit-il; Il vaut mieux ne pas avoir trop de maîtres à bord. *Je ne suis* pas un officier en chef, et il n'y aura pas de conversion de Joe Wetherly en second. Nous sommes tous des *plaisantins*. Mais je dis quoi ; Si l'équipage le souhaite, Joe pourrait être choisi pour vous remplacer, vous ou moi, chaque fois que cela se produira, car nous souhaitons tous les deux être en bas en même temps, comme maintenant.

« Très bien », m'écriai-je avec le genre de ton péremptoire et à demi insouciant que j'avais décidé d'employer en parlant à cet homme ; " Réglez-le à votre manière. Vous pouvez l'envoyer à l'arrière pour me remplacer quand il aura fini de dîner. Je me sentirai obligé de voir que Wilkins se tourne vers nous et nous prépare immédiatement la table.

J'étais sur le point de le quitter, quand il s'est exclamé : « Une question, M. Dugdale. Rien n'a été dit entre nous, les hommes, et vous, quant à la part que vous attendez.

«Peu importe ça maintenant», répondis-je.

« L'accord entre vous et le capitaine portait sur un tiers, je crois, dit-il ; "Tu ne t'attendras pas à ça, maintenant nous sommes une douzaine dans le consarn ?"

'Oh non, oh non ! Envoyez Joe Wetherly à l'arrière dès qu'il aura fini.

' C'est Vous avez compris , dit-il, que la dame ne prendra aucune part ?

«Oui, vous pouvez comprendre cela», m'exclamai-je. « Quant à ma part, continuai-je désireux de me débarrasser de lui, donnez-moi ce que vous pensez que j'aurai équitablement gagné, et vous me contenterez.

'Droite!' s'exclama-t-il avec empressement, cherchant maladroitement à dissimuler une émotion d'exultation maussade. « Juste un autre mot, M. Dugdale . Quel genre de personnage le capitaine m'a-t-il donné ?

'Oh bon sang! allez envoyer Joe Wetherly à l'arrière, m'écriai-je en feignant un accès de colère ; et je m'éloignai vers l'habitacle, le laissant avancer péniblement.

Quelques minutes plus tard, en regardant par la lucarne, j'aperçus Wilkins préparant la table. Bientôt, Wetherly arriva sur la dunette. Je m'avançai à sa rencontre, afin d'être hors de portée de voix de l'homme au volant, et je lui dis aussitôt : « Wetherly , comment ça se passe pour toi dans cette affaire vraiment infernale ?

« C'est vraiment infarnal , monsieur, » répondit-il aussitôt ; mais vous avez le groupe d'hommes le plus têtu pour s'occuper de ces hamacs suspendus dans le gaillard d'avant d'un navire. Après avoir avancé la nuit dernière, ils se sont mis à débattre, tous à bord, et ont choisi ce navire pour récupérer l' or que vous commandiez. J'étais contre ça jusqu'à ce que je voie à quel point ils parlaient chaud, et puis je pense que je me dis, qu'est-ce que ça sinnifie ? Que je sois en route vers l'Île de France ou vers une île de fous dans le Pacifique Sud, c'est la même chose. S'il y a de l'argent là-bas, tant mieux. S'il n'y en a pas , on n'y peut rien. Encore une fois dix ne fera pas grand-chose à bord d'un navire ; alors, quand on m'a demandé un avis, je dis juste, je suis neutre, les gars. Faites ce que vous voulez. Je serai avec toi ; mais jamais aucun de vous ne va demander si je suis *des* vôtres.

« Vous ne croyez sûrement pas aux folles fantaisies du capitaine Braine ?

«Eh bien, j'avoue, M. Dugdale , que cet accord entre vous et lui m'a un peu dérouté ce matin après que je l'ai lu. En général, on aurait dit que vous croyiez réellement au fil.

Il me regardait d'un œil critique, quoique respectueux, pendant qu'il parlait, avec ses simples yeux en forme d'épingle.

« Oh, mec, j'ai accepté – j'ai fait semblant de tout créditer – entièrement avec l'idée d'amadouer le fou jusqu'à Rio, où la dame et moi aurions quitté la barque . Tu ne vois pas *ça* , Wetherly ?

"Eh bien, oui", répondit-il rapidement, tout en parlant néanmoins, comme si sa décision n'était pas tout à fait prise . « C'est un mauvais travail pour vous et pour la dame, monsieur. Les hommes sont terriblement dans l'air . Ils ne permettront pas de parler avec les navires, de peur que vous ne fassiez une gaffe, comme on dit. Je peux vous dire que vous avez agi avec sagesse en vous conformant à leurs souhaits. Je serai peut-être plus ouvert de temps en temps. Je suis avec vous et la dame, monsieur ; mais je dois être très prudent.

'Je vous remercie sincèrement.'

Je l'ai vu jeter un coup d'œil inquiet au timonier et j'ai compris l'allusion. Sa bonne volonté était de la plus haute importance pour moi, et il ne convenait pas de mettre en péril mes relations avec lui par un comportement quelconque qui pourrait éveiller les soupçons de l'équipage sur notre intimité.

CHAPITRE XXXV
MON CAPITAINE

J'arrive maintenant à un passage de cette singulière aventure qui n'admettra que de brèves indications sur certains traits. Écrire tous les incidents de l'époque qui suivirent ne pouvait que me conduire à plusieurs volumes d'une matière très insipide. J'avoue que lorsque je repense à cette expérience, elle s'offre comme quelque chose de si étonnant, quelque chose de si à côté des incidents romantiques les plus étonnants de la vie marine que porte ma mémoire, que, bien que j'en ai été l'acteur principal, je l'ai souvent ressenti. cette heure-ci, je me retrouve à faire une pause, comme si je doutais de l'actualité des événements que j'ai relatés et que je n'ai pas encore racontés.

Parfois, je me demande si je n'aurais pas pu mettre fin rapidement à cette affaire d'enlèvement – car c'est ainsi qu'on peut raisonnablement l'appeler en ce qui concerne Miss Temple et moi – en refusant péremptoirement de diriger le navire vers l'île du capitaine Braine. Mais il me suffit de fermer les yeux, de rappeler les visages et le comportement des hommes qui formaient l'équipage de cette barque , pour mieux le savoir ; Je n'ai qu'à repeupler cette toile désormais usée avec les visages de ces marins, à revoir l'allure et l'allure du charpentier, à me souvenir de mon impuissance , de l'impuissance de mon compagnon, dont la vie et dont plus que la vie dépendaient absolument de ma jugement; penser à l'avidité sauvage suscitée chez les hommes par leur rêve de milliers, leur résolution d'obtenir de l'argent, le sentiment d'anarchie qui augmenterait en eux avec la perception croissante de leur irresponsabilité en tant qu'équipage privé de leurs officiers pour aucun crime de leur propre : il me suffit de rappeler tout cela, ainsi que mes propres pensées, mes peurs et mes amères angoisses qui sapent mes nerfs, pour comprendre que la voie que j'ai adoptée était la seule qui s'offrait à moi, et que ce que j'ai fait, aucun autre homme dans une situation aussi Je l'étais alors, mais j'ai dû le faire aussi. Mais ça suffit.

Cet après-midi-là, lorsque le menuisier me releva à quatre heures, je descendis et surveillai la préparation des deux cabanes à l'extrémité de la cuddy pour notre réception. La couchette attenante à celle du capitaine était un petit appartement frais, lumineux et aéré, et toutes les commodités qu'offrait la cabine de Braine y étaient mises à l'usage de Miss Temple. Ce changement d'appartement parut la calmer un peu. Son aversion et sa peur à l'égard de nos postes de pilotage étaient telles que je crois qu'elle aurait trouvé le rouf de l'épave supportable comparé à eux. Au lieu d'un petit entre-pont enveloppé d'obscurité et encombré de marchandises, nous avions devant nous tout le câlin aéré et éclairé par le soleil lorsque nous avons ouvert nos portes. Les couchettes étaient également bien éclairées , avec quelque chose de bon goût dans leur équipement en panneaux, moulures de cloisons , etc.

J'ai pris grand soin d'apporter le pistolet et les munitions de M. Chicken, et quand je me suis retrouvé seul avec Miss Temple, j'ai dit : « Vous n'avez pas peur de manier une arme à feu, je pense ?

"Oh mon Dieu, non."

« Vous avez très bien tiré, je m'en souviens, avec M. Colledge à la bouteille. Qui a frappé la bouteille ?

'Je l'ai fait.'

— C'est ce que j'aurais pu penser à votre manière de viser. Votre silhouette ressortait noblement, Miss Temple, dans votre posture de tireuse d'élite. Je me souviens de l'éclat de vos yeux lorsque vous regardiez le canon. Je n'aurais pas dû me soucier d'être détesté par vous et devant vous à ce moment-là.

«J'aurais aimé avoir le courage que vous prétendez avoir», dit-elle.

« Eh bien, m'écriai-je en retirant de ma poitrine le pistolet du capitaine, voici un ami qui fera plus qu'aboyer pour vous, si vous aviez besoin de l'aide qu'il peut vous apporter. J'ai une entreprise à double canon de même construction dans la pièce voisine, de sorte qu'à nous deux nous pouvons rassembler trois muselières ; assez d'artillerie pour nous permettre de tenir un siège, je peux vous l'assurer, avec les munitions que nous possédons.

Elle prit l'arme maladroite dans sa petite main blanche et délicate et joua avec elle, la nivelant et l'examinant, et ainsi de suite. Je lui ai demandé de penser, car il était chargé. Elle sourit et, se dirigeant vers sa couchette, cacha le pistolet entre le matelas et la cloison.

«Je me sentirai certainement plus à l'aise avec cela», dit-elle. « Vous ne serez plus toujours à côté, M. Dugdale . Vous resterez quatre heures d'affilée sur le pont, lorsque vous assurerez votre quart.

«Oui», dis-je; « mais il y a une lucarne ; et je veillerai à ce que la lampe de la cabine reste allumée ; et j'ai aussi une oreille attentive qui, lorsque je serai loin de vous, ne sera pas émoussée par mes pensées toujours là.

J'ai trouvé ma propre cabine assez confortable. Je n'avais pas le choix d'utiliser ce que j'y trouvais. Le malheureux capitaine avait laissé derrière lui assez d'habits pour me procurer plusieurs changes ; et quelques-uns de ses manteaux m'allaient très bien – étant confectionnés, je suppose, pour pouvoir servir de sous-vêtements de marin par temps froid – même si j'avais les épaules beaucoup plus larges que lui. J'ai révisé ses papiers, mais je n'ai rien trouvé d'intéressant. Ce que j'ai rencontré, je l'ai soigneusement rangé dans un tiroir avec de l'argent et un ou deux objets de peu de valeur, car je me souvenais que le malheureux avait laissé derrière lui une veuve, qui pourrait être reconnaissante pour ses pauvres effets, si le petit navire vivra toujours pour transporter ses marchandises et son histoire tragique vers un endroit civilisé .

Wilkins nous a servis avec ponctualité et courtoisie. Il me demandait ce que je souhaitais pour le petit-déjeuner, le dîner et le dîner, m'apportant de petites suggestions du cuisinier quant aux tourtes de la mer, aux hachis de bord, aux raviolis aux groseilles et autres plats lourds, pour la digestion desquels un homme a besoin d'intestins. de laiton et les triples rangées de crocs du requin. En effet, le garde-manger *de Lady Blanche* était pauvre, et le génie de la première cuisinière du monde a dû s'arrêter devant une telle Mère Hubbard d'armoire. À l'arrière, il n'y avait guère plus à manger que les provisions du gaillard d'avant : du bœuf salé et du porc salé, des petits pois, des groseilles pour les jours stupides, des biscuits, du café et du thé et quelques autres articles. Cependant, le capitaine décédé avait constitué un bon stock de bière en bouteille. Il y avait aussi quelques gallons de cognac et de gin, tous deux un très bon spiritueux ; et les magasins du gaillard d'avant, complétés par du fromage et des jambons et quelques boîtes de conserves portant le nom de soupe et bouilli — prononcé par les marins soupe et bully, ou savon et lingots — nous fournissaient de la vaisselle en quantité suffisante pour nous permettre de subvenir à la vie et même à la santé. , aidés comme ils l'étaient par de petites condiments occasionnels du cuisinier, des tentatives faibles en effet et saumâtres dans une certaine mesure, mais à leur manière bienvenus pour des gens aussi bons que des mendiants en nourriture et sans choix.

Lush est fidèlement resté à son extrémité du navire. Il n'a jamais proposé d'entrer dans la cabine sauf sur mon invitation, alors que j'aurais peut-être quelque chose en navigation à lui raconter . Il semblait soucieux de nous tenir à distance et reprenait la routine du navire, lorsque sa montre revenait, tandis que je la laissais retomber, d'un air de réserve morose. J'ai fait plusieurs efforts avec une hypothèse de gaieté et de cordialité pour briser sa maussade, avec le rêve de trouver derrière lui quelque chose qui ressemble à un être humain de sensibilité, que je devrais pouvoir influencer pour que l'équipage consente à parler un navire de passage, afin que Miss Temple puisse lui être transférée ; mais il était comme un hérisson ; ses piquants s'élevaient régulièrement à ma moindre approche. Il me regardait avec une expression boudeuse et maudite dans les yeux, ou me regardait avec un regard aigre et interrogateur , et à mon discours le plus courtois répondait par une phrase irrégulière et scorbutante.

Mais je n'ai pas joué très longtemps un rôle obligeant avec lui. Ayant conclu qu'il était un voyou aux qualités inébranlables, je revins à ma conduite antérieure , je ne m'adressai à lui que pour lui donner des instructions péremptoires, ou pour lui indiquer la place du navire sur la carte ; ainsi, comme vous le supposerez, très peu de choses se passèrent entre nous ; cependant le fait que je prenais des airs de capitaine et que je le traitais comme un simple matelot de gaillard d'avant qu'il prétendait être, influençait son attitude et le rendais même respectueux.

Néanmoins, je savais que lui et ses camarades ne me quittaient jamais des yeux, pour ainsi dire ; que, ayant appris que la route vers le Cap Horn était telle ou telle, la boussole était surveillée avec une assiduité agitée, chaque homme, lorsqu'il était relevé à la barre, rapportant la direction de la tête du navire à ses compagnons en avant, et comment il avait été diriger pendant son tour; que mon comportement sur le pont était suivi d'un œil critique par les yeux placés à l'avant du navire ; que je ne pouvais jamais donner l'ordre de régler les voiles pendant mon quart, mais que cet ordre était dûment signalé à Lush, et pesé et examiné par l'équipage lors des fréquents conseils qu'ils tenaient dans le fourgon de queue. Tout cela m'a été secrètement informé par Wetherly.

Pourtant, je n'avais rien à redire dans le comportement des hommes. Ils se précipitèrent à mes ordres, et leurs « Oui, oui, messieurs » et leurs réponses à mes ordres eurent un son aussi vif et chaleureux qu'on pouvait espérer entendre dans la bouche d'un équipage. Ils chantaient vivement lorsqu'ils tiraient et halaient, avec plaisir au son de leur propre voix et avec une volonté marquée dans leur attitude de contribuer de leur mieux à la navigation du navire. Il fallait effectivement s'y attendre. C'était désormais plutôt une escapade de Jack avec eux qu'un voyage ; ils naviguaient, comme ils le croyaient, vers une île pleine d'or ; leur fortune était assurée ; ils regardaient vers un avenir radieux de visions de danses, de boissons, de plaisanteries marines de toutes sortes ; ils savaient que l'accomplissement de leur belle vigie devait dépendre de leur volonté de faire fonctionner le navire maintenant, de sorte que tout ce qu'ils faisaient, ils le faisaient sans grogner ; sans la moindre trace de la disposition mutine qui se serait montrée forte et mortelle en eux, si leurs vœux avaient été retardés ou entravés.

Mais en dehors de la routine réelle et essentielle du navire, rien n'a été fait. Les ponts n'étaient lavés qu'à de très longs intervalles ; il n'y avait ni fabrication ni réparation de voiles ; le treuil à fil filé était muet ; l'équipement de friction a été laissé pourrir comme il le ferait ; le charpentier veillait en effet au gréement, veillait à ce que tout soit sain, car ni lui ni ses camarades n'avaient envie de perdre un mât. Mais il y avait très peu de balayage ou de polissage, d'écouvillonnage ou de nettoyage.

Le rhum était déposé dans l'entrepont ; chaque jour, Wilkins en dessinait autant qu'il en fallait pour fournir aux hommes deux verres chacun. Après avoir retiré l'étoffe, il se présentait régulièrement avec Lush ou moi, selon que l'un ou l'autre de nous était sur le pont, afin qu'on puisse voir qu'il n'avait tiré que l'indemnité. Les hommes semblaient pleinement satisfaits. On n'a jamais demandé plus de grog que ce qui leur avait été donné , et je ne me souviens pas d'un seul cas d'ivresse : que j'ai attribué à ma déclaration déterminée et souvent répétée selon laquelle s'il y avait une manifestation d'ivresse à bord de la barque , J'abandonnerais mon entreprise et laisserais le charpentier le diriger. La crainte des conséquences de l'alcool parmi une foule d'hommes aussi incontrôlés que ces gens-là m'a rendu extraordinairement impressionnant et catégorique dans cette menace ; et je savais que le charpentier était convaincu dans son esprit que je tiendrais parole. En effet, il me suffisait de regarder Miss Temple pour reculer devant la simple pensée de l'ivresse parmi les marins. Tous les autres risques qui pourraient accompagner une beuverie à venir n'étaient rien comparés au péril *qu'elle* courrait. La moindre insulte qui lui serait faite, je la ressentirais avec le canon de mon pistolet : et si jamais j'en venais à *cela* , alors Dieu seul pourrait le prévoir. le caractère de la tragédie qui doit suivre.

Mais , comme je l'ai dit, ils se montrèrent satisfaits de leurs deux verres par jour. Le sens de la fête ne les a jamais portés plus loin qu'une danse occasionnelle sur le gaillard d'avant d'un beau chien de garde, où ils diversifiaient leurs câpres avec des chansons et des histoires - toutes aussi inoffensives qu'un jeu d'enfant, si peu évocatrices de la course que nous étions. sur, si stupides comme indications des incendies couvants qui allaient s'embraser faute de jugement de ma part, que quiconque nous observait depuis le pont d'un navire à proximité aurait supposé que *Lady Blanche* était la plus paisible des des commerçants, travaillés par les équipages les plus heureux et les plus généreusement payés, et se lançant dans un voyage qui n'était guère plus qu'un voyage de plaisir de port en port.

J'étais aussi impatient que n'importe quel autre homme à bord de terminer le voyage, d'arriver, en tout cas, dans la mer du Sud, où, malgré le problème de l'île, nous aurions dû arriver au terme de notre voyage. nos attentes, et être capable de voir notre chemin vers un avenir proche, qui pourrait signifier un retour à la maison pour moi et Miss Temple ; et, par conséquent, je n'ai jamais épargné la toile de la barque , mais, au contraire, j'ai tenu jusqu'au bout chaque chiffon, laissant la coque blanche du clipper le parcourir à la vitesse d'une comète. Le charpentier utilisait le petit bateau de la même manière, et entre nous deux, nos courses dans les vingt-quatre heures atteignaient encore et encore des chiffres qui auraient pu être considérés comme presque miraculeux à l'époque des arcs ronds et des fonds de bouilloire, des pommes. côtés, et une poutre mais un tiers de moins que la longueur. Certes, lorsque j'étais en mer professionnellement, je n'étais jamais en mesure de donner un ordre, et les aspirants, dont j'étais l'un, n'étaient pas considérés comme bien meilleurs que des ornements gênants, bien que nous soyons bien ancrés dans la navigation ; cependant cet ordre qui m'avait été imposé ne me causait aucune inquiétude ; Je me retrouvais à marcher du côté exposé de la poupe comme si j'avais été capitaine d'un navire depuis des années ; Je savais, ou pensais savoir, exactement quoi faire, et les hommes se sont précipités sous mes ordres, et le petit navire n'aurait pas pu être mieux géré s'il avait été joliment dirigé par des hommes devenus gris par la profession, au lieu d'être commandé par un jeune. un gaillard qui n'avait passé que deux ans en mer il y a bien longtemps, dont le second était un vieux coquin bourru et sinistre, si analphabète qu'il était incapable de lire son propre nom lorsqu'il était écrit par un autre, et aussi incapable de manier un sextant qu'à l'époque. s'exprimer dans un anglais correct.

L'idée m'est venue un jour que nous pourrions manquer d'eau douce avant d'arriver à l'endroit de la carte où l'or du capitaine était censé être enterré, et j'espérais sincèrement que cela pourrait arriver, car une menace de soif devait infailliblement se produire. conduisez-nous à l'aide jusqu'au premier port que nous parviendrons à atteindre. J'ai demandé au charpentier s'il savait quelle réserve d'eau il y avait à bord. Il a dit non, mais a promis de se renseigner, et plus tard dans la journée, il est venu me dire qu'il y avait tellement de tonneaux, faisant en tout tellement de gallons – je ne me souviens pas des chiffres. Pour me satisfaire, je suis entré dans la cale avec lui et j'ai découvert qu'il avait raison, puis j'ai fait un calcul qui, à ma secrète mortification et déception, exprimait une quantité d'eau à bord suffisante pour durer à toutes les mains. un approvisionnement libéral en indemnité journalière pendant au moins six mois.

Maintenant que je m'étais assuré de la posture de l'équipage, et que j'étais profondément convaincu dans mon esprit que leur impatience dévorante d'arriver à l'île garantirait un comportement uniformément correct de leur part, à moins qu'ils ne s'adressent aux tonneaux de rhum, ou à moins que je ne leur donne une raison de se retourner contre moi, je n'aurais aucune crainte à laisser Miss Temple être vue par eux. Elle était donc constamment avec moi sur le pont lorsque ma vigie revenait, et toutes les heures que je pouvais consacrer à sa société ; de sorte qu'il serait impossible d'imaginer un jeune couple non marié passant le temps dans une association plus intime et plus incessante. Au début de cette course vers le Pacifique Sud , elle a fait preuve d'un esprit qui lui a ensuite temporairement fait défaut. Ce fut deux jours après que j'eus consenti à naviguer sur le navire que je remarquai en elle un certain air de détermination, comme si elle avait sérieusement réfléchi à notre situation et qu'elle avait pris la résolution d'affronter ce qui pourrait arriver avec courage et patience. Puis, après un certain temps , son courage parut encore lui faire défaut ; Je la trouvais assise, immobile dans la cabine, les yeux fixés sur le pont et une expression de misère sur le visage, comme si son cœur était brisé. Je ne pouvais pas la faire manger ; cependant, Dieu sait, il n'y avait pas grand-chose ou rien pour la tenter . Elle ne pouvait pas dormir, m'a-t-elle dit ; et la lueur disparut de ses yeux profonds et magnifiques. Elle était toujours pâle, mais maintenant son visage prenait un caractère hagard, que sa blancheur, qui était une beauté chez elle lorsqu'elle était en bonne santé, accentuait à un degré qui me choquait alors. Lorsqu'elle était sur le pont, elle me prenait le bras et marchait à mes côtés, nonchalamment, presque sans vie, me répondant brièvement à voix basse, qui tremblait d'un excès de chagrin.

L'aimant secrètement comme je l'aimais, bien que n'ayant pas encore une syllabe, et même, comme je le crois, si un regard de ma passion m'avait échappé, je commençais à redouter l'influence de sa misère sur ma conduite envers les hommes. Elle m'appelait constamment, pour ainsi dire, à appeler les gars à l'arrière et à leur dire que la jeune fille avait le cœur serré, qu'il fallait la débarquer ou la transporter à bord d'un autre navire de ce côté du cap Horn, même si cela arrivait. notre grand hunier pour en attendre un, ou que j'abandonnerais mon commandement du navire et refuserais de le parcourir un autre mille. Je dis que j'ai vécu dans une peur mortelle d'être forcé à cela par le sentiment et la sympathie ; car j'étais averti par chaque instinct secret, par chaque regard que je jetais sur l'équipage, par chaque regard que je jetais sur le charpentier, que l'issue certaine d'une telle résolution devait impliquer ma vie !

Je n'exagère pas là-dessus ; l'agilité et la finesse de l'équipage étaient les qualités du tigre ; la férocité de la bête sauvage était également en eux, et, à cause de la jeune fille , je reculais de terreur devant la simple idée d'exciter leurs passions. Comment ils pourraient me servir si je me montrais obstiné dans des propositions qu'ils refusaient d'accepter, je ne pouvais pas le prévoir ; ils pourraient m'envoyer à la dérive dans un bateau ; ils pourraient avec plus de miséricorde me renverser la tête dans le noir et jeter par-dessus bord ce que leurs armes ont laissé de moi. J'étais en tout cas inaltérablement convaincu que si je cessais de leur être utile, alors, en tant que détenteur du secret de l'île, je serais supprimé . Mais ils garderaient Miss Temple avec eux ! Là- dessus, je n'avais pas non plus l'ombre d'un doute ; et c'est pourquoi je dis que j'avais peur que le spectacle de sa misère ne me pousse à un acte qui, même en le faisant, ma raison déclarerait la folie.

J'ai dit tout ce que je pouvais imaginer qui pourrait la rassurer, et un après-midi, j'ai passé deux heures à discuter sérieusement avec elle. Je lui ai dit que son chagrin m'influençait, et qu'il pouvait venir de ce que je ne parvenais pas à me contrôler dans mes relations avec l'équipage ; et j'ai continué en soulignant ce qui devait suivre si je laissais mon chagrin qu'elle me trahisse dans une autre attitude envers les hommes que celle que je portais maintenant. Je n'avais jamais été aussi franc avec elle auparavant, sans vouloir exciter son inquiétude et sa détresse, et maintenant je parvenais à l'effrayer complètement. Il suffisait que j'indique la probabilité qu'elle soit laissée seule parmi l'équipage pour l'effrayer. Je n'ai pas besoin de vous donner le fond de mon entretien avec elle. Il reste tellement de choses à dire que je ne peux qu'y faire référence. Mais cela a atteint la fin à laquelle j'avais espéré être témoin.

Le lendemain, j'ai trouvé un peu d'entrain dans sa voix et ses manières. Pendant que nous prenions le petit-déjeuner seuls, comme nous l'étions invariablement, que ce soit dans la câlin ou sur le pont, elle s'est exclamée en me regardant avec un sérieux que rien dans le léger sourire qui l'accompagnait ne pouvait diminuer :

« J'ai pris votre conférence à cœur, M. Dugdale , et j'ai l'intention de me réformer. Je me suis montré un triste lâche ; mais vous n'aurez plus aucune raison de vous plaindre de moi pour cela. J'ai honte de moi. Je me demande si j'ai suffisamment confiance en moi pour te regarder lorsque je compare mon comportement au vôtre. Vous n'avez pensé qu'à moi, et je n'ai pensé qu'à moi ; et c'est la différence entre nous.

« Cela me fait vibrer le cœur de vous entendre parler ainsi, dis-je. Je veux vous ramener chez votre mère, hors de cette folle aventure, avec la même beauté et la même santé que vous avez ramenées d'Angleterre avec vous. . Cela me faisait de la peine au cœur de vous voir refuser de manger, de voir votre visage se creuser, d'entendre parler de vos nuits blanches et de voir dans vos yeux la misère qui vous consumait. Je vous prie de garder ceci fermement à l'esprit : chaque jour raccourcit notre course vers le Pacifique Sud et que chaque jour cette horrible expérience est réduite de vingt-quatre heures. Qu'il y ait ou non de l'or dans l'île, que l'île existe ou non, l'équipage doit toujours dépendre de moi pour le transporter jusqu'à un port, et le port qui est bon pour eux sera bon pour nous ; car il serait étrange que nous ne puissions pas rentrer directement chez nous. J'ai toujours dit que ce n'était qu'une question de patience et d'attente, et Dieu seul peut dire combien je vous serais reconnaissant si vous me permettiez de jouer le rôle qui, je le sais, *doit* être joué pour que notre sécurité vaille la peine. lampe de pointe .

Dès lors, elle se montra une femme résolue. Elle cessa de me taquiner avec des regrets, de m'affliger par des questions auxquelles je ne pouvais pas répondre, de laisser entendre par son silence ou ses soupirs ou ses regards de reproche que je l'avais en mon pouvoir par une autre sorte de politique que celle que je poursuivais, pour l'éloigner en toute sécurité de la barque . Avec ce nouvel esprit en elle, un changement subtil mais appréciable dans son attitude envers moi s'est produit. Jusqu'à présent, son comportement avait été uniformément hantée par une petite saveur plus ou moins définie de la manière dont elle m'avait traité, ainsi que de tous les autres, à l'exception de M. Colledge , à bord de l'Indiaman. Elle avait suggéré, peut-être sans le vouloir, une sorte de condescendance dans nos heures calmes, avec une certaine hauteur et un commandement presque méprisant dans les moments où elle était agitée par l'inquiétude et le désespoir. Je trouvais maintenant en elle une sorte de céder, une complaisance, une complaisance presque tendre, une forme d'expression sobre, quelle que fût l'humeur que notre conversation excitait en elle. Parfois je l'observais me regarder avec une expression de douceur dans ses beaux yeux, même si ces découvertes soudaines ne la trahissaient jamais dans le moindre air de confusion ou d'embarras sur lequel je pouvais fonder l'espoir de me diriger lentement vers son cœur..

Cependant, je me consolais en pensant que notre situation planait dans son esprit dans une ombre trop noire pour lui permettre de deviner ce qui pouvait s'y passer. D'ailleurs, jamais je n'avais laissé tomber un mot qu'elle puisse interpréter comme une révélation de ma passion pour elle. Si je l'avais aimé mille fois plus que moi, mon honneur aurait dû garder mes émotions muettes. Ce n'était pas seulement que mon orgueil me déterminait à garder le silence jusqu'à ce que j'aie de bonnes raisons de croire que mon amour ne serait pas refusé par cette haute et puissante demoiselle de la *comtesse Ida* , avec un étonnement caché de mon impertinence à l'offrir ; J'étais également conscient que je devrais agir de la manière la plus méchante du monde en lui laissant deviner mes sentiments – par mon langage, du moins ; Je ne pourrais peut-être pas toujours contrôler mon visage, alors qu'elle restait dans cet état misérable, totalement dépendante de ma protection et trop impuissante pour avouer un quelconque ressentiment, qu'elle serait désespérément prompte à exprimer et à me laisser ressentir dans d'autres circonstances.

Nous devrions bientôt entrer dans le climat rigoureux de la Corne, et elle était sans vêtements chauds. Sa tenue, comme vous le savez, était le léger costume tropical qu'elle avait revêtu pour visiter la corvette. Que fallait-il faire ?

« Vous ne pouvez pas affronter les intempéries de la Corne dans ce costume », dis-je un jour, en jetant un léger coup d'œil à sa robe, à laquelle sa silhouette noble et irréprochable communiquait une grâce que l'usure et la saleté des nombreux jours qu'elle avait passés. porté, il ne pouvait pas le voler . « Il faut, vous savez, quand le vieux Nick conduit. Il n'y a qu'un expédient ; J'espère que vous n'en ferez pas une grimace.

'Dis-le moi?'

« Il y a un bon manteau de pilote long et chaud dans ma cabine. Je t'emprunterai des aiguilles et du fil, et tu devras aller travailler pour que cela te convienne.

Elle rit en rougissant légèrement. «Je crains de ne pas pouvoir y parvenir.»

'Essayer. Si vous échouez, cinquante contre un, mais il y a un homme en avant qui trouvera une solution pour vous. La plupart des marins savent coudre et découper à leur guise. Mais je préférerais que vous vous essayiez seul. Si j'emploie un gars à l'avant, il devra venir à l'arrière et vous mesurer, et ainsi de suite ; tout cela, je ne veux pas.

« Moi non plus », s'écria-t-elle avec impatience. «Je vais essayer le manteau maintenant, M. Dugdale . J'ose dire que je pourrai en faire une sorte de veste, ajouta-t-elle avec un autre rire qui trembla avec un soupir.

Je lui procurai le manteau et l'aidai à l'enfiler. Il avait été construit pour un pardessus et conçu pour envelopper davantage que les épaules étroites pour lesquelles il avait été conçu, et il se boutonnait facilement sur la silhouette gonflée de la jeune fille.

« Allons, nous n'aurons pas besoin d'un tailleur après tout », dis-je en reculant d'un pas pour l'admirer dans ce nouvel et étrange vêtement.

« Cela me tiendra chaud », dit-elle en se retournant pour se contempler.

« Et maintenant, dis-je, pour un chapeau. Votre élégante paille ne conviendra pas au Cap Horn.

J'ai remanié la garde-robe du capitaine et j'ai déniché trois chapeaux de différentes sortes : l'un d'eux était un éveillé ; un autre, un bonnet fait d'une sorte de peau, très bon pour assurer la garde de nuit par mauvais temps ; et le troisième, un chapeau à l'ancienne mode en bâche vernissée - le père du sou '-wester de nos jours, bien que, bien sûr, les casquettes sou '-wester, comme on les appelait, étaient en usage au début du siècle. siècle. Cet exemple de couvre-chef, je l'ai rendu au casier dans lequel je l'avais trouvé, mais les deux autres Miss Temple ont pensé qu'elle pourrait le rendre utilisable. Elle les essaya, me lançant des regards furtifs, presque coquets, tout en se regardant dans le miroir que j'avais apporté de sa cabine.

Il fut un temps où rien, j'en suis persuadé , n'aurait pu la pousser à toucher à ces chapeaux. Elle les aurait reculés avec l'aversion et le dégoût qu'elle avait manifestés face aux suggestions du capitaine Braine concernant l'aménagement de sa cabine dans l'entrepont. Assurément, le vieil Océan était en train d'opérer un profond changement dans son caractère. La vie réelle, sévère, sans compromis, l'occupait ; et tout comme Byron dit de ses naufragés que leurs mères n'auraient pas connu leurs propres fils, de même j'étais assuré de ma camarade Louise que s'il plaisait à Dieu que nous échappions aux périls de cette aventure, elle en ressortirait une femme changée dans toutes les caractéristiques qui lui déplaisaient auparavant.

CHAPITRE XXXVI
JE CONVERSE AVEC WETHERLY

Pour ne pas trop m'attarder sur un détail insignifiant, il suffira de dire qu'à force de fouiller dans les armoires du capitaine Braine et de M. Chicken, j'ai obtenu plusieurs articles utiles, et Miss Temple s'est mise au travail pour les transformer en vêtements pour hommes. elle-même, avec l'aide d'une paire de ciseaux que j'ai empruntée au charpentier, et d'aiguilles et de fil achetés parmi les hommes par Wetherly . L'occupation lui était utile à d'autres égards ; cela tuait le temps fastidieux, insupportablement fastidieux, et cela lui donnait quelque chose à penser, et même quelque chose à espérer, tant les heures avaient été vides.

Je me souviens être sorti de ma cabine après une période de sommeil pour faire du tourisme peu avant midi, et l'avoir trouvée assise à la table avec de la flanelle ou une fine couverture devant elle, sur laquelle elle cousait des vêtements déchirés et violés de l'un ou l'autre de Braine. ou du poulet, mais tout neuf, sinon elle ne s'en serait guère mêlée. Elle m'a reçu avec un sourire et quelques mots, puis a continué à coudre avec un air de satisfaction en elle que je l'aurais trouvée au travail.

Je m'arrêtai et restai à regarder, feignant d'observer ses doigts occupés, alors qu'en réalité je regardais son visage avec le plaisir d'un amoureux. Il était difficile de croire que ce qui se passait était quelque chose de plus qu'un rêve, étonnamment vivant et logique. À maintes reprises , lorsqu'en compagnie de cette fille, un sentiment d'irréalité de notre association m'avait parfois possédé à un tel degré que si ce sentiment avait persisté, j'aurais honnêtement pu craindre pour ma tête. Mais jamais auparavant ce sentiment n'avait été aussi fort en moi. J'ai oublié sa beauté dans mon émerveillement. C'était une pure stupéfaction de la rappeler alors qu'elle était à bord de l'Indiaman ; sa hauteur, son dédain, son insensibilité méprisante à toutes les présences sauf celle du fils de milord Sandown, le regard froid de surprise méprisante qui me ferait instantanément détourner le mien – pour me souvenir de cela et bien plus encore ? et je la vois maintenant pencher pensivement sa jolie tête et son visage aux charmes de grande race sur ce sordide besoin de vêtements de marin grossiers, me lançant de temps en temps un regard mêlé de douceur et d'amusement mélancolique, comme si elle souffrait en souriant au nécessité qui l'avait amenée à un tel sort. Pourtant, il n'y avait pas de regrets ; si elle soupirait, c'était dans sa barbe ; Si forcé que puisse être son air léger de gaieté, il prouvait une résolution d'esprit croissante, un développement de forces héroïques, latentes en elle jusqu'à récemment.

Mais en secret, j'étais préoccupé par une vive anxiété. Quel allait être l'enjeu de ce voyage ? J'ai simplement feint une sorte de confiance en lui parlant du résultat de cette étonnante promenade, comme j'ai choisi de le comprendre. En réalité, je ne pouvais imaginer le moment où nous serions arrivés à l'endroit où le capitaine mort avait déclaré son île sans crainte. Supposons qu'il n'y ait pas d'île ! Quelle prochaine étape les hommes prendraient-ils ? La déception qui doit suivre leur long rêve d'or pourrait les déterminer à piller la barque – les pousser à entreprendre un plan farfelu visant à la convertir, elle et sa cargaison, en argent. Ou supposons – même si je n'ai jamais sérieusement réfléchi à la question de cette façon – supposons, me demanderais-je, que l'île se révèle réelle, que le trésor se révèle réel, que les hommes creusent et trouvent réellement l'or ! Et alors ? Dois-je concevoir qu'un groupe de marins ignorants, imprudents et sans foi ni loi, dirigés par un homme qui était dans l'âme la copie la plus complète qu'on puisse imaginer d'un méchant des mers, partagerait pacifiquement le trésor entre eux, me paierait ma part - qui, mon Dieu ? sait, j'aurais été prêt à m'attacher aux pieds de M. Lush à condition que les autres le jettent par-dessus bord - et à me permettre de diriger tranquillement la barque vers un port adjacent, conscient que je leur devais une rancune amère pour l'outrage qu'ils avaient commis. en nous forçant, moi et la dame, à les accompagner ?

À de longs intervalles, j'échangeais quelques phrases avec Joe Wetherly . Malheureusement, il était sous la surveillance du menuisier et mes occasions de lui parler étaient donc rares. Ce n'est que de temps en temps, lorsqu'il devait surveiller Lush ou moi-même, que je parvenais à comprendre ce qui se passait parmi les hommes en l'engageant dans une brève conversation avant qu'il ne quitte la dunette. J'étais si sensible à être observé de toutes parts, que je fus obligé d'exercer la plus grande prudence en parlant à cet homme. Sur la poupe, il y avait toujours le type à la barre pour m'observer ; et la dunette était à la portée des hommes qui se déplaçaient autour de la cuisine, ou qui sortaient ou entraient dans le gaillard d'avant.

Cependant, il arriva un jour où Wetherly vint à la place du charpentier pour me relever. M. Lush, m'a-t-il dit, ne se sentait pas bien et lui avait demandé de garder sa montre de huit heures à midi. C'était une nuit claire, mais sombre, l'alizé de sud-est fort du travers bâbord, et le temps sec et froid, avec un éclat glacial dans le tremblement des étoiles qui enrichissait le ciel d'une telle multitude de nuages blancs et sombres. des lumières vertes que le firmament semblait planer au-dessus de nos têtes de mât comme une vaste feuille de velours noir glorieusement pailletée de brillants et d'émeraudes et de poussière de diamants et de tendres miracles de prismes délicats.

Miss Temple m'avait laissé une vingtaine de minutes et se trouvait maintenant dans la cabine, assise à table sous la lampe, un crayon à la main, avec lequel elle dessinait des contours sur une feuille de papier avec un air de profonde absence. l'esprit. Elle portait par-dessus sa robe un gilet tricoté qui avait appartenu au capitaine ; il s'étendait jusqu'à sa silhouette, et c'était déjà un besoin, même de jour, avec un soleil brillant, car nous pénétrions bien vers le sud, et chaque vingtaine de milles que la quille agile de la barque pouvait mesurer faisait un différence sensible dans la température même de l'abri dans la cabine. Il faisait trop sombre pour distinguer Wetherly jusqu'à ce qu'il soit proche. En apprenant qu'il devait garder le jeu jusqu'à midi, je résolus d'avoir une longue conversation avec lui, d'entendre avec quelque profondeur son point de vue, que, dans une certaine mesure, j'avais trouvé un peu déroutant, et de recueillir quelles informations Je pouvais lui parler du comportement auquel je pourrais m'attendre de la part de l'équipage s'il n'y avait pas d'or, ou, ce qui revenait au même, pas d'île.

Le type qui était arrivé à la barre à huit heures était Forrest, le jeune marin souple à l'air de pirate, dont la démarche, tandis qu'il roulait sur le pont sous le vent, sa silhouette se balançant contre les étoiles par-dessus le bastingage, m'avait appris qui il était. C'était sans que j'aie besoin d'aller à l'habitacle pour m'en assurer. Pendant que Wetherly parlait du malaise du charpentier, je l'ai tiré vers l'arrière, afin que nous puissions être à portée de voix de Forrest, et j'ai dit, en me tournant vers l'écoutille secondaire : « J'apporterai ma pipe sur le pont, Wetherly , pour fumer après. J'ai mangé une bouchée ci-dessous. Je souhaite garder un œil sur la météo jusqu'à deux cloches. Ces étoiles vertes au vent peuvent signifier plus qu'un simple effet atmosphérique.

«Oui, oui, monsieur», répondit-il d'une voix qui me fit comprendre qu'il prenait mes paroles dans leur sens le plus littéral.

Je restai en bas jusqu'à huit heures et demie, causant avec Miss Temple, mangeant un petit souper, etc. J'ai alors récupéré ma pipe et lui ai dit que je devrais redescendre à neuf heures et que je ne lui ai pas demandé de m'accompagner, car je souhaitais avoir une conversation avec Wetherly . Elle fixa sur moi ses yeux sombres avec une expression interrogatrice, mais ne posa aucune question. Il fut un temps où elle aurait ouvert toute la batterie de son inquiétude et de son anxiété sur moi, mais le silence était désormais devenu une habitude chez elle. C'était sa confession de foi à mon avis, un aveu qu'elle n'attendait aucune autre information que celle que j'avais choisi de lui donner. Je ne saurais exprimer à quel point ce nouveau comportement était souligné par l'éloquence de sa beauté, dans laquelle je pouvais témoigner de la curiosité et de l' appréhension qu'elle avait discipliné sa langue pour réprimer.

Je l'ai quittée et je suis monté sur le pont. J'ai d'abord marché jusqu'à l'habitacle, dans lequel j'ai regardé, puis, dans son éclat, j'ai regardé très sérieusement au vent et autour, comme si j'étais un peu inquiet. La silhouette flottante de Forrest se balançait au volant, et j'observai qu'il jetait également plusieurs regards vers le vent. Je me murmurais, comme si je pensais à voix haute : « Ces étoiles vertes sont d'une luminosité inhabituelle ! Je me dirigeai brusquement vers le rebord de la crotte, où la forme sombre de Wetherly faisait les cent pas, comme si mon esprit était plein de la météo.

« Qu'est-ce qui ne va pas avec ces étoiles, monsieur, vous pensez ? » a-t-il dit.

"Oh, rien au monde", répondis-je. « Ce sont des stars des alizés très honnêtes. Je voulais une excuse pour discuter, Wetherly . Forrest a les oreilles d'un chasseur de prairie. Je ne suis pas là pour vous parler de la météo. Vous êtes le seul homme à bord à qui je peux me confier. À mesure que nous approchons du Horn, mes angoisses gagnent en moi. Comment se terminera ce voyage ? À ce stade, vous comprenez assez bien la disposition de l'équipage. S'il ne devait pas y avoir d'île, que se passerait-il alors, Wetherly ?

J'ai remarqué une pause prudente chez lui.

'M. Dugdale , répondit-il, je suis profondément consterné pour vous, et pour la dame aussi, et je puis dire en particulier pour la dame, qui me semble être une princesse née, un spectacle trop beau pour des quartiers comme eux. — il montra la lucarne d'une main sombre — « avec rien d'autre que des vêtements d'homme mort pour la garder au chaud. Si je pouvais vous être utile , je le ferais ; mais je dois être aussi prudent que toi. M. Lush a une telle emprise sur l'esprit de l'équipage qu'il n'y a rien qu'il ne puisse leur faire faire, je crois ; et s'il venait à soupçonner qu'il y a quelque chose entre vous et moi, une quelconque sorte de confiance qui ne soit pas directement dans l'intérêt du poste de commandement , cela serait aussi dur avec moi que je peux le dire, c'est sûr. je le ferais avec toi si *tu* devais les jouer faux .

Il prononça ce discours à voix basse, avec de fréquents coups d'œil à l'arrière et au gaillard d'arrière en dessous. J'ai écouté avec patience, même s'il ne m'a rien dit dont je n'étais pas pleinement conscient .

« Mais quelle conduite, Wetherly , pensez-vous que ces hommes adopteront si, à notre arrivée à la latitude et à la longitude désignées par ce malheureux fou comme l'endroit où se trouve son trésor, il n'y avait plus d'île ?

« Eh bien, monsieur, » répondit-il en conservant son ton prudent, « je peux répondre à cette question, car elle fait partie des consultations que l'équipage tient encore et encore . Ils penseront que vous les avez battus , et que c'est pour cela que vous n'avez pas suivi la bonne voie.

'Ha!' m'écriai-je ; 'et quoi encore?'

« Vous devrez trouver l'île, monsieur.

« Mais, mon Dieu, Wetherly , si ce n'est pas là ! Il n'y a aucun rocher marqué sur la carte à l'endroit désigné par le capitaine Braine.

vous continuerez à le chercher", dit-il sombrement.

« Et si nous ne le trouvons pas ?

'Eh bien, je ne peux pas le dire' ee *quoi* ils le feront. Tout ce qu'ils ont dit, c'est : « Si ce n'est pas là, ce sera parce qu'il ne veut pas que ce soit là. » Mais je n'ai entendu aucune menace, aucune discussion sur ce que je « suivrais ».

« S'il n'y avait pas d'or, pas d'île, dis-je, mon opinion est qu'ils s'empareront du navire et de la cargaison et m'obligeront à le conduire jusqu'à un port où ils trouveront un marché pour leur pillage.

« Et où sera-t-il ? Il a demandé.

« Impossible à dire. Lush le saura probablement. Il a les airs et l'apparence d'un homme pour qui une performance du genre que je propose ne serait pas une nouveauté. Je peux vous le dire maintenant, Wetherly , et, en fait, j'aurais pu le faire il y a longtemps, que c'est le charpentier que le capitaine Braine a accusé de meurtre.

«Eh bien, monsieur, vous m'excuserez. Je ne suis pas pour croire cela, M. Dugdale . Que Lush ait été un vieux pêcheur rare, il suffit de l'observer le jour et de l'entendre parler dans son sommeil la nuit pour le savoir ; mais, comme je l'ai déjà dit, lorsque vous avez parlé de meurtre, je l'ai vu hocher la tête à la lumière des étoiles, je préférerais m'en assurer avant de le croire sur le témoignage d'un fou.

"Mais ne pensez-vous pas que le charpentier et, permettez-moi d'ajouter, la plupart des membres de l'équipage sont à la hauteur de la commission d'un crime ?"

"Eh bien, je ne dirai pas non à cela maintenant, avec cette tentation étincelante de voir l'argent entrer dans leurs âmes, de faire sortir tout ce qui peut être mauvais en eux à travers leur peau. Je ne leur ferais pas confiance , alors je vous le dis , M. Dugdale ; et si cette barque était un autre navire que le *Lady Blanche* , et mes compagnons n'importe quels autres hommes que ceux-là, je me contenterais de mettre en gage pour six pence tout ce que j'ai dans ma poitrine.

Je suis resté un moment avec lui près de la rampe météo, en feignant de contempler le temps.

« Vers l'ouest , » dis-je doucement, alors que nous reprenions notre marche transversale, « ma position est effrayante. S'il n'y avait pas eu l'imagination maudite et folle que ce scélérat traînant de Wilkins a entendue - le mensonge le plus complet qui ait jamais pris forme dans le cerveau d'un fou - je pourrais espérer pouvoir tenter l'équipage avec une belle récompense pour me permettre de faire naviguer ce navire vers un port d'où la dame et moi pourrions rentrer à la maison. Mais que pourrais-je offrir, avec une honnête intention de payer, qui approcherait les milliers dont ces imbéciles là-bas rêvent jour et nuit ?

Il ne répondit rien.

« Supposons, Wetherly , continuai-je, que je décide, dans un état de désespoir, d'abandonner mon commandement ici et de refuser de faire naviguer le navire sur une autre lieue à moins que Miss Temple et moi ne soyons débarqués ? »

« Vous savez ce qui va arriver », s'écria-t-il ; Vous l'avez répété encore et encore , en trouvant ce qui est le plus probable. Pour l'amour de Dieu, monsieur, videz votre esprit de ce projet, ne serait-ce que pour l'amour de la dame !

« Mais que va-t-il se passer à notre arrivée dans le Pacifique ? M'écriai-je avec une émotion de désespoir.

« Il n'y a plus qu'à attendre », répondit-il sombrement.

« Croyez-vous que chaque fils de mère croit en l'existence du trésor ? »

« Le fils de chaque mère , monsieur . Cette croyance n'aurait peut -être pas été aussi générale, j'imagine, sans les documents que vous aviez signés. Aussi ignorants que soient les hommes, ils savent comment en tirer quatre sur deux et deux. Premièrement, il y a le dessin sur ce morceau de parchemin ; puis il y avait les récits du capitaine sur la façon dont il avait récupéré l'or, comme s'ils l'avaient vu le chercher à la Banque d'Angleterre ; puis vient le complot visant à s'en débarrasser à Rio, avec une équipe de Canaques à suivre ; puis une compagnie de beachcombers au sommet d'eux, pour faire avancer la barque . Voici à lui seul un plan bien pensé pour convaincre un athée. Mais ensuite suivent ces documents de votre part pour prouver que vous, un homme né d' une éducation et d'une intelligence de premier ordre, ne doutez pas de la vérité de ce que vous entendez et, pour vous en assurer, pourvoyez à votre part lorsque l'or viendra. à et pour votre sécurité, si tel est le cas, car la loi devrait s'emparer du capitaine pour déviation.

« Tout cela est très vrai », m'exclamai-je, stupéfait par la cohérence de cette misérable affaire, et forcé d'admettre mentalement le caractère raisonnable des créatures analphabètes du gaillard d'avant, acceptant tout cela comme indiscutable. « Mais vous connaissez la raison pour laquelle j'ai agi comme je l'ai fait ? »

« Eh bien, je *le fais* , monsieur. Comme je vous l'ai dit, j'étais un peu déconcerté au début ; mais c'est une histoire de fou, cela ne fait aucun doute. Et j'ai le plus grand souhait, M. Dugdale , que vous puissiez l'être, de quitter tout ce travail florissant.

De nouveau, je m'arrêtai au bastingage, comme si je m'attardais sur le pont uniquement pour observer le temps.

«Maintenant, Wetherly , écoutez-moi», dis-je. «Vous savez que vous êtes le seul homme à bord du navire à qui je rêverais d'ouvrir mes lèvres. Vous avez toute ma confiance ; Je crois que vous êtes sain d'esprit. Si vous me donnez votre parole, je serai parfaitement convaincu que vous ne me trahirez pas.

« Quoi que vous me disiez, M. Dugdale , » répondit-il d'une voix légèrement agitée, « je jure de le garder enfermé dans mon sein ; mais avant de pouvoir vous donner ma parole, je dois savoir sur quoi je dois prêter serment.

« Vous me comprenez mal, m'écriai-je ; « Je ne demande aucun serment. Assurez-moi simplement que si jamais un jour je trouve un moyen de m'échapper, vous soutiendrez mon ami ; vous m'assisterez activement si vous le pouvez ; vous ne serez pas neutre ; Je veux dire, simplement mon bien-aimé ; dites-moi simplement ceci, et je saurai que lorsqu'une opportunité se présentera, je compterai sur vous.

« Avez-vous un plan, tout d'abord, M. Dugdale ? » s'enquit-il. « Cela ne sert à rien que je consente à tout ce qui pourrait aboutir à nous faire trancher la gorge.

'Non; Je n'ai aucun plan. Quel plan pourrais-je former ? Je dois saisir la première, la meilleure chance qui s'offre, et alors il se peut que j'aurai envie de toi. Il y en a d'autres que moi que vous seriez reconnaissants. La mère de Miss Temple est une dame de titre et une femme riche'———

«Excusez-moi, M. Dugdale », l'interrompit-il; «Je ne veux pas qu'aucun pot-de-vin ne m'amène à agir correctement, si c'est le cas, car cette manière correcte ne coûtera pas trop cher. Je dirai franchement, maintenant, que si je peux vous aider, vous et la dame, à sortir de ce travail et à vous mettre tous les deux sur le chemin du retour à la maison, vous pouvez compter sur moi pour faire de mon mieux. De plus , cela ne servirait à rien de le dire, vu qu'il n'est pas possible d' élaborer un projet et qu'il faut attendre que quelque chose se gâte. S'il y a une île et que nous en faisons décoller, le genre d'opportunité que vous désirez peut se présenter, et vous m'y trouverez tout entier. Si l'île est une illusion, il faudra attendre autre chose. Mais je vous dis d'homme à homme que je suis avec vous et la dame, que je n'aime pas M. Lush ni les affaires dans lesquelles il a entraîné l'équipage du navire, mais que je dois être aussi prudent que vous ; ce qui signifie maintenant, monsieur – et je vous prie de comprendre que je parle avec respect – que Forrest nous a vus ensemble assez longtemps.

«Bien», m'exclamai-je en lui saisissant la main; « Je vous remercie de tout cœur pour votre assurance ; et Miss Temple vous remerciera elle-même.

Avec quoi je suis allé vers l'arrière, regardant fixement au vent pendant que je marchais, et après un dernier coup d'œil dans l'habitacle et un lent regard autour de moi, je suis descendu en dessous.

Il n'y avait pas grand-chose pour me réconforter dans cette conversation avec Wetherly ; il fallait savoir cependant qu'il considérait les nouvelles du capitaine comme une simple émission de folie ; car jusqu'alors, dans les quelques conversations que j'avais eues avec lui, ses hésitations, ses questions prudentes, son attitude, qui chez une personne supérieure eût dans une certaine mesure suggéré l'ironie, m'avaient fait voir que son esprit n'était en aucun cas déterminé. sur le sujet. C'était donc une bonne chose, et il était satisfaisant d'être informé par lui qu'il se lierait d'amitié avec nous si l'occasion se présentait, à condition que son aide ne mette pas sa vie en danger . J'étais reconnaissant de cette promesse, mais à peine réconforté par elle. J'ai porté un visage assombri dans la cabine ; Miss Temple, qui attendait mon retour à la cabane, me fixait d'un regard inquiet, mais ne posait aucune question.

« Comme vous êtes doué pour réprimer votre curiosité ! » M'écriai-je en me tenant à ses côtés et en regardant son visage tourné vers le haut ; « vous allégez mon fardeau d'une manière incalculable par votre patience. »

« Vous m'avez appris ma leçon, » répondit-elle doucement ; « et en tant qu'élève, je devrais être fier des éloges de mon maître. Elle prononçait le mot « maître » d'un regard de ses yeux fiers à travers la chute des cils, et un sourire à la fois doux et hautain jouait sur ses lèvres.

"Cela vous réconfortera de savoir que Wetherly est notre ami", dis-je.

«Je l'ai toujours considéré comme tel», a-t-elle répondu.

'Oui ; mais il a maintenant consenti à m'aider dans tous les efforts que je pourrais faire ultérieurement pour m'échapper avec vous de cette barque .

Elle était silencieuse, mais son visage était éloquent, plein de questions nerveuses et avides.

« De plus, poursuivis-je, Wetherly est désormais convaincu que l'or du capitaine Braine était le rêve de la folie de cet homme. Un rêve, bien sûr. Mais savez-vous que je suis extrêmement désireux que nous trouvions une île dans cette latitude et cette longitude d'eaux vers laquelle je dirigerai actuellement ce navire.

'Puis-je demander pourquoi?'

« Parce que je pense – attention, je pense seulement – que je pourrais trouver un moyen de m'échapper avec vous et Wetherly seuls dans cette barque . Elle respirait rapidement et me regardait avec une attention passionnée. « En fait, continuai-je, alors même que je me tiens là, à vous regarder, Miss Temple, la résolution grandit en moi de créer une île pour l'or du capitaine Braine, au cas où les repères qu'il m'a donnés s'avéraient dépourvus de terre.

'Créer?' s'exclama-t-elle d'un air songeur.

'Oui. La mer du Sud est pleine de rochers. Je trouverai aux hommes un récif, et ce récif doit me donner ma chance. Mais, m'écriai-je en m'interrompant et en regardant ma montre, il est temps pour moi de chercher du repos. Il faudra que je sois de nouveau sur le pont à midi.

« Je vais me coucher aussi, s'écria-t-elle ; c'est ennuyeux... et nous avons encore plusieurs semaines devant nous. Elle sourit avec une lèvre tremblante, comme pour me faire savoir qu'elle se reprochait de se plaindre. "Je crois que vous m'en diriez plus si vous aviez la moindre confiance en mon jugement."

« Pour le moment, je n'ai rien à dire ; mais une heure viendra peut-être où je devrai dépendre dans une très large mesure de votre jugement et de votre esprit aussi.

Elle croisa mon regard avec un regard ferme, plein et brillant. « Quelle que soit la tâche que vous me confiez, s'écria-t-elle avec véhémence, vous me trouverez à la hauteur. Cette vie est insupportable ; et je choisirais à cet instant la chance de mourir à côté de la chance de m'échapper, plutôt que de continuer comme je me trouve dans cet horrible état d'incertitude, de bannissement et de misère.

«C'est peut-être l'esprit que je voudrais évoquer», dis-je en souriant tout en tenant ouverte la porte de sa cabine. « Bonne nuit, Miss Temple. »

Elle m'a tenu la main un moment ou deux avant de l'abandonner. « J'espère que je n'ai rien dit qui puisse vous contrarier, M. Dugdale ? s'exclama-t-elle en inclinant légèrement sa belle tête dans une posture qui pourrait faire penser à une princesse s'excusant.

« Qu'ai -*je* dit pour que vous le pensiez ? J'ai répondu.

« Vos manières sont un peu dures », s'exclama-t-elle à voix basse.

« Dieu me pardonne s'il en est ainsi », dis-je. « Ce n'est pas avec vous, Miss Temple, que je serais dur. »

Ma voix trembla tandis que je prononçais ces mots, et brusquement je lui pris la main, pressai ses doigts sur mes lèvres, m'inclinai, fermai la porte sur elle et entrai dans ma propre couchette.

CHAPITRE XXXVII
LE CAP HORN

Ce fut un des derniers jours du mois de décembre, alors que ma longitude était alors à environ trois lieues à l'est de l'extrémité orientale des îles Falkland, et ma latitude à environ cinquante-cinq degrés au sud, que j'amenai la tête de la barque à l'ouest. cap sud-ouest pour le contournement du Cap Horn. C'était heureusement la saison estivale dans ces régions, leur plein été, en effet, et j'étais heureux de croire que les horreurs de ce passage seraient atténuées par un soleil qui, au mois de juin, brille à peine six heures par jour sur la glace. -déferlement chargé de cette étendue d'eau, la plus inhospitalière et la plus morne à la surface du monde.

Jusqu'à la latitude des îles Falkland , nous avions aperçu, dès l'heure où j'avais pris le commandement de la barque , mais quatre voiles, tant l'océan est vaste, et si petit est le point qu'un navire y fait. Mais tandis que le métier à tisser de la terre autour de Berkeley Sound pendait dans une ombre bleue et venteuse, avec une lueur comme de la neige dessus sur notre travers tribord, nous tombâmes sur un baleinier, un navire gréé comme le nôtre ; une vieille embarcation maternelle à proue ronde, qui courait sous une charge de bateaux suspendus sur ses flancs aux extrémités d'épais bossoirs en bois. Il y avait une longue houle de l'Atlantique, et alors qu'elle se levait et roulait vers elle, elle montrait une ligne de revêtement vert sombre avec de la mousse et des balanes et des lignes de mauvaises herbes traînantes.

Elle avait été visible à l'aube juste devant nous, et elle était dégagée sur la mer au-dessus de notre proue, lorsque je suis arrivé sur le pont peu après huit cloches pour relever Lush, qui assurait le quart depuis quatre heures.

« Qu'avons-nous là ? dis-je en sortant du compagnon le vieux télescope en cuir de Braine et en y posant les yeux. « Un vieux baleinier, comme je peux le supposer à ses bateaux ; Mâts à galant du Cap Horn ; un wagon de mer carré scié d'après le véritable modèle de Nantucket.

«J'attendais que vous veniez sur le pont», dit le charpentier. «Nous ne voulons pas la rabaisser. Nous avons rien à lui dire, alors il vaudrait mieux se tenir à l'écart de la grêle. Changez de cap, voulez-vous, monsieur ?

Rien chez le *monsieur ne* pouvait qualifier le ton de commandement offensant avec lequel il s'adressait à moi. Je le regardais fixement, en prenant soin cependant de garder mon sang-froid.

'De quoi as-tu peur?' J'ai demandé. « Est-ce que l'un des membres de l'équipage est susceptible de l'appeler si nous passons à distance de parole ?

"J'aimerais savoir quel homme il y a parmi nous et qui aurait le courage de le faire", s'exclama-t-il, son visage s'assombrissant à cette pensée, et ses yeux parcourant mon corps de haut en bas, comme à la recherche d'un espoir. partie sur laquelle s'installer.

« Pourquoi attends-tu que je change la barre, mec ? » dis-je.

« La navigation est entre vos mains », répondit-il d'un ton maussade ; "Si vos calculs ne s'avèrent pas corrects, cela ne doit pas être dû à un homme qui s'est mêlé du parcours pendant que vous étiez en bas."

Miss Temple arriva à ce moment sur le pont et me rejoignit.

«C'est dommage de s'enfuir», dis-je; « Nous naviguons à trois pieds de celui de ce type, et nous le dépasserons comme de la fumée. Il n'y a plus rien à regarder depuis longtemps. Ce sera un régal pour nos yeux de rivage de voir un visage étrange, même si nous ne l'apercevons qu'un aperçu. Vous ne pensez pas que *je vais* l'appeler, j'espère ?

' *J'espère* !' » répondit-il avec un grossier ricanement ironique et un regard grossier de suspicion.

« Par Dieu, alors ! dis-je avec une effusion de colère que je regrettai aussitôt, puisque vous m'avez imposé ce commandement, je prendrai les privilèges qu'il confère, et j'y serai pendu ! Mes ordres sont de maintenir le navire en route. Si vous me désobéissez, j'appellerai l'équipage à l'arrière et je lui demanderai de veiller à ce que toute erreur de calcul dans ma navigation soit due à votre intervention.

L'homme fronça les sourcils et regarda devant lui le navire, puis un groupe de matelots qui se tenaient à la galère, et je pus voir qu'il était perdu ; en fait, une minute après, sans jamais avoir prononcé un mot, période pendant laquelle il tournait fréquemment son regard vers l'embarcation par-dessus la proue, il traversa brusquement du côté sous le vent du pont et se mit à patrouiller, venant de temps en temps se mettre debout. sous le vent du matelot à la barre, avec qui il échangeait quelques mots, tandis qu'il se balançait sur ses jambes arrondies, les bras croisés sur la poitrine, se baissant de temps en temps pour apercevoir le baleinier sous la courbe de l'avant. cours.

C'était sa montre en bas, et à un autre moment il serait promptement parti en avant. Son maintien sur le pont signifiait une menace insultante, une menace impudente de me surveiller et de protéger contre moi ses propres intérêts et ceux de l'équipage. Mais j'étais résolu à ne pas paraître remarquer son comportement , ni même à paraître conscient de sa présence. Nous transportions un grand vent de sud, et sous un grand grand-voile et un grand amure embarqué, la barque balayait noblement le puissant soulèvement de la longue houle du Pacifique et à travers les hautes vagues qui déferlaient. mousse à perte de vue, avec des lignes d'un bleu profond entre les deux. Par intervalles, une grande colline d'eau étincelante sous le soleil volant se transformait en écume au rythme de la montée flottante de l'avant-pied métallisé scintillant du tissu blanc laiteux, et obscurcissait son gaillard d'avant dans une tempête de neige. Le vent chantait dans le gréement avec une note glaciale, mais l'air astucieux était sec, sans aucune piqûre de glace , bien qu'il n'y ait aucune chaleur dans la splendeur blanche du soleil bondissant.

Les hommes, observant que Lush gardait le pont, sortirent de la cuisine et du gaillard d'avant et, avec des mouvements brusques, se dirigèrent progressivement vers l'arrière jusqu'à la ligne du bastingage de dunette , qu'ils surplombaient, feignant d'observer le navire que nous rattrapions, mais rien. pourrait être plus évident que leur véritable motif en s'éloignant de cette façon. Wetherly, seul, continua d'avancer. Il se tenait appuyé contre la porte de la cuisine, fumant une petite pipe dans une posture aussi insouciante et indifférente que l'on aurait l'air de voir chez un gaillard paresseux naviguant sur la Tamise.

« Ces brutes sont terriblement sérieuses », dis-je à Miss Temple, tandis que nous nous tenions ensemble sous le vent du bateau-bateau pour l'abriter. « Si jamais j'avais eu un doute sur la sagesse de ma conduite dans cette affaire, la présence de ce groupe là-bas l'éteindrait pour de bon et pour tous.

« Pardonnez-moi », s'écria-t-elle ; mais avez-vous été bien avisé de ne pas modifier la route de ce navire ?

"Ces gars ne doivent pas savoir que j'ai peur d'eux, ni croire que je suis dépourvu d'une certaine détermination de caractère."

« Que se passerait-il si vous tentiez d'héler ce navire là-bas ? » demanda-t-elle, les yeux agrandis par la peur qui accompagnait la question, et ses lèvres tremblantes alors qu'elles se fermaient sous un souffle de vent balayant dans un long hurlement entre le bastingage et la quille du bateau.

«Je n'ai pas l'intention de la héler», répondis-je; « et nous n'allons donc pas distraire notre esprit avec des conjectures. Demandons-nous plutôt, continuai-je en m'imposant un léger air de gaieté, que penseront de vous ces baleiniers lorsqu'ils apercevront votre silhouette ? Vont-ils vous prendre pour être capitaine ou second ?

Elle sourit et rougit légèrement . En effet, à peu de distance, avec la rampe qui cachait sa robe, elle eût très bien passé pour un jeune homme, vêtue comme elle l'était de la longue redingote de pilote du capitaine Braine et de son grand éveil, qui cachait entièrement ses cheveux jusqu'au niveau du vent. de ses oreilles, et qu'elle maintenait posée sur sa tête au moyen d'un morceau de ruban noir passé sous son menton. Mais dois-je vous dire que sa beauté empruntait à l'étrangeté même de sa tenue une fraîcheur de grâce nouvelle et fascinante ? Pour ma part, je la trouvais plus admirable dans la perfection de son visage et de ses formes, grotesquement vêtue comme elle l'était, qu'elle ne l'était venue à mes côtés, mais maintenant des mains de la couturière la plus en vogue et des coiffeurs et modistes les plus à la mode.

Le nom du vieux baleinier s'affichait clairement en longues lettres blanches sur le haut de sa poupe carrée, au milieu de l'écume qui coulait sous son comptoir : *Maria Jane Taylor* était son titre, et je m'en souviens maintenant comme je m'en souviens de bien plus petits. questions qui sont entrées dans cette période abominable. Le tissu vert, couvert de mauvaises herbes et taché de rouille, s'inclinait sous la pression du vent et faisait monter le temps prodigieux du Pacifique alors qu'il s'écrasait dans le creux violet avec un fracas d'écume tel qu'aucune baleine à laquelle jamais ses bateaux n'avaient amarré. aurait pu se relever dans son agonie, grouillant et chancelant avec de fréquentes inclinaisons sauvages de ses espars, sur lesquels ses voiles mal rapiécées tiraient dans des espaces désordonnés. Toute une foule de gens, noirs, oranges et blancs, nous regardaient sous toutes sortes de couvre-chefs singuliers par-dessus son bastingage, et un homme se balançant dans les haubans d'artimon, attendait apparemment que nous nous approchions pour nous héler. . Alors que notre quille clipper balayait le tonnerre vers sa hanche, avec à peine plus d'eau qu'un coup de pistolet pouvait mesurer nous séparant, Lush s'est approché sous le vent et s'est tenu à côté de moi, mais sans parler, se tenant simplement prêt - comme je pourrais le constater dans l'expression boudeuse et déterminée du visage du méchant — pour me faire taire si j'essayais de l'appeler. Je lui ai jeté un regard de travers , parcourant du regard sa silhouette musclée au dos rond, puis j'ai adopté un comportement d'une parfaite insensibilité à sa présence.

« Comme c'est touchant de voir un visage étranger, dis-je à Miss Temple, rencontré au cœur d'un tel désert ! Aussi rudes que soient ces gens-là, comment pourrait-on les prendre par la main ! avec quel plaisir pouvait-on écouter leurs voix ! Dieu merci, nous étions à bord ! Et j'apportai mon pied sur le pont avec un pas d'impatience momentanée et poignante.

Notre propre équipage qui regardait le baleinier par-dessus les pavois du gaillard d'arrière détournait sans cesse les yeux d'elle pour les fixer sur moi avec une sorte de méfiance colérique qu'il était impossible de se tromper. Le bruit du vent rugissant dans sa toile était fort dans l'air battant ; les eaux bleues écumaient vicieusement jusqu'à ses hautes têtes de chat, et ses courbes vertes et rouillées apparaissaient de manière irrégulière au milieu des courbes écumantes, écumantes et bouillonnantes de l'étouffement bouillant qui se précipitait devant elle ; çà et là, à l'arrière, il y avait l'éclat boueux d'un disque de fenêtre encrassé au milieu de la ligne de coutures, d'où tout le calfeutrage semblait être tombé. Nous la dépassions comme un rouleau de fumée.

« Barque , oh ! » braillait le long homme à flancs de dalle dans le gréement d'artimon avec les accents nasillards du « Yankee longshore ».

Lush à mes côtés me regardait d'un air sombre. Plusieurs membres de l'équipage sur le gaillard d'arrière m'observaient désormais en permanence.

« Quelle barque avez-vous ? » est sorti dans une note d'ouragan des haubans d'artimon du baleinier.

Il n'y a eu aucune réponse de notre part.

« Barque , oh, dis-je ! cria l'homme avec un geste frénétique d'étonnement ; « Où êtes-vous parti, et quel navire pourriez-vous être ?

La *Dame Blanche* se précipita ; néanmoins, nous étions encore si près du baleinier, même lorsque nous l'avions à notre poste, que je distinguais facilement les traits de l'homme qui nous avait salués, suspendu immobile, comme flétri par quelque souffle du ciel, dans l'artimon. le gréement, la bouche grande ouverte, tandis qu'une expression d'étonnement inimitable était visible dans les rangées de visages le long du bastingage, alternativement blancs et colorés , comme les touches d'un pianoforte.

Tout à coup, l'homme sauta des haubans d'artimon sur le pont ; ses jambes étaient immensément longues et il portait une courte veste de singe. Il se mit à courir vers le gaillard d'avant, et ses pas prodigieux faisaient penser à une paire de pinces mises en mouvement par une énergie électrique. Il gagna la tête du gaillard d'avant, où il resta un instant à nous observer, puis, portant ses mains à son visage, il nous lança ce que les écoliers appellent un « long nez », se tournant un peu de côté, afin que nous puissions clairement observer. la dérision humiliante de sa posture. Il resta dans cette attitude tandis qu'un homme aurait pu en compter vingt, puis nous tournant le dos, il se frappa d'un geste du plus grand mépris sur une partie de son corps que les jupes courtes de sa veste de singe laissaient partiellement exposées ; après quoi, de l'air d'une personne dont l'esprit a été soulagé, il s'est dirigé tranquillement vers l'arrière, trois fois, tout en marchant, tournant son profil, afin que nous puissions l'observer lever son pouce et ses doigts vers son nez. Un peu plus tard, le vieux baleinier plongeait au milieu des battements blancs de son propre barattage, à un long mille en arrière ; et au bout d'une demi-heure, elle ne paraissait plus qu'une lueur dans l'air bleu et froid, où l'atmosphère semblait sombre, comme si les cristaux soufflaient des têtes fondantes de la haute mer.

Ce n'est qu'à ce moment-là que Lush a quitté le pont.

Ce petit incident était un garant aussi sévère de la disposition de l'équipage qu'ils auraient pu désirer me le faire comprendre. Cela prouvait qu'ils possédaient une qualité de suspicion, d'un caractère si insolent et audacieux, que je pourrais bien croire que, si cela se transformait en passion par une déception ou un manque de sincérité de ma part, il n'y avait aucune infamie à laquelle elle ne les rendrait égaux . Je me demande souvent en me remémorant cette époque si j'aurais dû trouver la force de supporter mes angoisses. L'avenir était absolument noir. J'avais quelque espoir, ou plutôt une vague idée, disons, de me poser sur une île, si celle de Braine se révélait être la chimère que je craignais, ce qui me permettrait d'inventer un stratagème pour nous délivrer de cette situation indescriptible. Mais rien dans une telle imagination ne pouvait jeter la moindre lumière sur les ténèbres qui nous attendaient. Je me cognais la cervelle pendant mes veilles solitaires la nuit, en me débattant avec véhémence, à la recherche de toute idée qui pourrait être transformée en méthode d'évasion. De temps en temps , je conversais secrètement et prudemment avec Wetherly ; mais il n'avait pas d'autres propositions à me faire que celle, déprimante , de patience, avec l'assurance même régulière qu'il me soutiendrait si son aide pouvait être osée en toute sécurité.

Dans ces désespérés considérations, je suis même allé jusqu'à fixer mes pensées sur les bateaux. Lorsque nous aurions contourné la Corne et pénétré dans les doux parallèles du Pacifique, des nuits étincelantes de tranquillité allaient sûrement s'abattre sur nous et me fournir l'occasion de quitter la barque avec Miss Temple ; une opportunité, dis-je, en ce qui concerne le temps et la paix de la mer ; mais comment, avec mes seules mains, pourrais-je abaisser un bateau, faire en sorte que Miss Temple soit à bord, faire en sorte que le petit tissu soit stocké avec de la nourriture et de l'eau, puis le décrocher et glisser dans l'obscurité, tout cela ? si secrètement , si silencieusement qu'il échappe à la vigilance de l'homme à la barre et des matelots de mon quart étalés sur les ponts avant ?

Cela ne devait pas être fait . Je n'ai même pas suggéré cette méthode de délivrance à Wetherly , me sentant parfaitement convaincu qu'il ne l'accepterait pas. Et supposons que je parvienne à m'en sortir avec cette fille de cette manière, quelle terrible perspective serait notre perspective ! avec des rames, en effet, mais sans mâts ni voiles, exposé car Dieu seul pouvait dire combien de temps il restait au cœur d'un des déserts les plus puissants du vieil océan, non traversé alors, comme de nos jours ; en effet, à peine pénétré, sauf à de longs moments entre-temps, par un baleinier comme celui que nous avions croisé, ou par quelque navire faisant du commerce avec les groupes polynésiens de la côte ouest de l'Amérique du Sud.

Je ne sais pas si je me considérais très heureux à cause du beau temps qui accompagnait la barque dans son passage du Horn. Bien mieux, pensais-je parfois, que la forte brise du sud, les cieux volants d'un bleu hivernal sombre, le roulis brillant et l'écume de longues rangées de vagues débordant de crème sur les flancs blanc ivoire du petit navire, et l'aidant à voler tête baissée avec des soulèvements et des chutes flottants qui chronométraient les mesures de sa danse maritime agile avec ses têtes de mât ondulantes tandis que le bâton d'un chef d'orchestre fait trembler les coudes de ses violoneux à l'unisson - cela aurait pu être bien mieux pour nous, je pensais souvent, si le mois avait été le milieu de l'hiver de la Corne, avec de violents vents d'ouest pour s'opposer à notre entrée dans l'océan Pacifique, et des champs de glace pour nous gêner encore, avec un désastre en plus pour nous forcer à abattre autant que le vent le permettait pour le port le plus proche.

Le contournement de ce promontoire de fer s'est déroulé sans aucun incident ; le vent soufflait presque continuellement du sud, et partout il y avait une brise forte et constante, ce qui me permettait de montrer des huniers entiers et une voile principale de galant. Une seule fois nous aperçûmes de la glace, tache lointaine d'une blancheur cristalline lumineuse sur les limites palpitantes de la mer. Jour et nuit, l'eau en nuages blancs tombait en tonnerre de chaque proue de la barque précipitée ; les nuages s'élevant des solitudes de l'Antarctique derrière la ligne de l'océan, balayés en fumée à travers nos camions ; le jour, le petit soleil blanc dansait parmi ces ombres fugaces au nord, et jetait sur la mer un éclat très éblouissant à chaque lancement aveuglant de ses rayons, tant étaient innombrables les pics d'écume qui jetaient un regard en arrière sur les émissions étincelantes de l'astre ; la nuit, les cieux sombres étaient remplis d'étoiles d'un éclat glacial, au milieu desquelles brûlaient les joyaux de la Croix du Sud avec les nuages de Magellan au-delà, aussi pâles que des boucles de vapeur . Un feu était allumé dans le petit poêle de la cabine et, pendant ma garde en bas, Miss Temple et moi nous asseyions pour échanger nos espoirs et nos craintes, spéculer sur l'avenir, nous efforçant de nous animer mutuellement avec des représentations de nos sentiments lorsque nous Nous aurions dû rentrer à la maison et, dans un climat de sécurité et de confort, revenir sur les expériences indicibles dans lesquelles nous avions été plongés par une circonstance aussi insignifiante qu'une visite à une épave.

Ainsi passa le temps. Chaque jour, j'obtenais une vue dégagée du soleil, puis, frappant le méridien de 76° ouest, je dirigeais la barque vers le nord-nord-ouest en direction de l'île du capitaine Braine, dont je calculais que la situation déclarée nous occuperait environ trois heures. semaines à atteindre.

C'était l'après-midi du jour où j'avais déplacé la barque barre, que Wilkins est venu me voir alors que j'étais assis à dîner avec Miss Temple avec un message du charpentier disant qu'il serait heureux de pouvoir discuter avec moi. J'ai répondu que j'étais à la disposition de M. Lush lorsque j'avais dîné, mais pas avant. Cela n'a pas pris dix minutes supplémentaires pour l'accomplir ; ma compagne se retira alors dans sa cabine, après avoir exprimé avec beaucoup d'empressement nombre de conjectures sur les motifs du charpentier en sollicitant une entrevue.

L'homme descendit de la dunette par la dunette et entra dans la cabine, sa casquette de peau à la main.

« Je constate , dit-il, que vous avez modifié la route du navire.

«C'est vrai», répondis-je. « Wetherly était sur le pont lorsque j'ai quitté ma cabine après avoir vérifié mes visées, et je pensais qu'il vous aurait signalé le changement de cap.

'Non; c'était Woodward [un des marins] qui était à l' enfer . Il m'appelle , me montre l'habitacle et dit : « Vous voyez ce qui s'est passé ? Les hommes seraient contents de savoir si tout va bien ?

« Si qu'est-ce qui va bien ? »

« Pourquoi, si cette situation est vraie pour l'île ? Ils se sentiront obligés si vous les laissez entrer ici, si vous leur montrez la carte et si vous leur expliquez la distance, le parcours et tout le reste .

Je n'avais guère besoin qu'il me fasse part de leurs désirs, car je n'avais qu'à diriger mon regard vers la porte de la cabine pour les voir rassemblés sur la dunette, attendant l'invitation que le charpentier était venu demander ; toutes les mains, sauf Wetherly et le type qui conduisait, appelé Woodward par Lush.

« Certainement : laissez-les entrer », dis-je ; J'ai immédiatement récupéré ma carte, que j'ai posée sur la table, et je suis allé de l'autre côté, règle à la main, prêt à montrer et à expliquer.

Le corps d'hommes brutaux, quelques-uns d'entre eux avec leurs traits acajou à peine visibles au milieu des moustaches, des sourcils et des chutes de cheveux qui obscurcissaient leur visage, se tenaient debout, regardant la carte avec Lush au milieu d'eux, et le mutin et casse-cou de Forrest. , le visage roulant bien en vue par-dessus l'épaule du charpentier.

« Maintenant, les hommes, qu'est-ce que vous voulez savoir ? dis-je.

« Nous nous dirigeons à la boussole au-dessus du nord-nord-ouest », répondit Lush ; « Serez-vous heureux de nous dire comment vous y parvenez ?

J'ai dû aller chercher une paire de règles parallèles pour rendre ma réponse intelligible aux créatures analphabètes qui me regardaient bouche bée avec une expression de perception sourde et difficile qui allait et venait d'une manière qui aurait dû me faire rire à un autre moment.

« Sur quelle partie de ce papier l'île est-elle écrite ? » demanda Forrest.

Je désignai ma règle, et tout le nœud des visages se rapprocha en se baissant avec un bruit semblable à celui d'un ronflement général provenant de leur respiration vigoureuse.

« À quelle distance est-il de là où nous sommes ? » » demanda l'un des hommes. Je lui ai dit. Plusieurs questions du même genre me furent posées ; Un grognement courut parmi eux alors qu'ils fredonnaient leurs commentaires dans les oreilles des uns et des autres. Pendant ce temps, je les inspectais avec un mélange de curiosité et de dégoût. Dans quelle misérable passe les misérables nous avaient-ils amenés, la jeune fille et moi ! De quelles amères inquiétudes nous avaient-ils accablés ! Quel devait être notre avenir dans la mesure où ils devaient participer à sa création ? J'ai cherché en vain parmi leurs divers visages, composés de cheveux, de verrues et de barbes, de peaux coriaces, d'yeux humides et ternis par le temps, des joues lisses de deux ou trois des plus jeunes. J'ai cherché en vain, dis-je, une seule expression pour m'assurer de l'existence de qualités sur lesquelles je pourrais compter sur la réponse généreuse, si jamais j'avais à les implorer. Pourtant, ils présentaient, comme je l'ai dit il y a longtemps, exactement les extérieurs que l'on s'attendrait à rencontrer chez les marins d'un humble commerçant comme la *Lady Blanche* .

« Eh bien, mes amis, s'écria le charpentier, il n'y a aucun doute pour moi. C'est bon; et je suis obligé de dire , ici, que, étant donné que M. Dugdale a dirigé la mer il y a pas mal de temps, il s'en est généralement bien sorti jusqu'à présent.

Il y eut un murmure d'assentiment. Je pensais profiter de cette posture momentanée d'appréciation, peut-être de concession.

« Puisque vous êtes tous devant moi, dis-je, sauf deux , permettez-moi de vous poser une question. Vous savez, bien entendu, que dès le début de cette affaire, j'ai considéré tout votre projet comme l'effet d'un rêve fou.

Lush me regardait avec un visage de fer ; Forrest, avec un sourire impudent, secoua la tête ; deux ou trois des camarades souriaient avec incrédulité. J'ai continué, les regardant délibérément l'un après l'autre et parlant du ton le plus calme que je pouvais maîtriser.

« Je veux savoir ceci : si l'île du capitaine Braine ne devait en réalité pas exister, que proposez-vous de faire ?

« Inutile de le dire de cette façon ! » s'écria le charpentier après une brève pause et un lent et aigre mouvement de la tête ; 'l'île est là. « Ce n'est pas un rêve. Vous le trouverez assez bien, je vous le garantis.

« On me l'a décrit, poursuivis-je, comme n'étant guère plus qu'un récif. C'est une grande mer, les hommes. Un récif passe facilement inaperçu dans un océan comme celui-ci.

« Vous avez ses repères », s'est exclamé Forrest d'un ton de défi ; « Si vous placez la barque à l'endroit sur la carte où le capitaine a dit que l'île se trouve, comment allons-nous la manquer, à moins que tout le monde ne devienne des chiots et ne fasse une veille les yeux fermés ?

« Mais, dis-je en conservant mon sang-froid, cet espoir d'obtenir un gros trésor ne vous a-t-il pas tous rendu considérablement trop confiant ? Supposons qu'il n'y ait pas d'île. Raisonnez avec moi sur cette supposition. Imaginez que nous sommes arrivés et qu'il n'y a que de l'eau claire. Imaginez , si vous voulez, que nous balayions ces mers depuis un mois sans apercevoir le récif de votre défunt capitaine. Et alors, je demande ? Quelles prochaines étapes envisagez-vous de suivre ? J'ai droit à une réponse, même si je ne dois m'adresser à vous qu'au nom de la jeune femme dont je suis le protecteur.

Les gars se regardèrent. Leurs renseignements faibles et suspects témoignent manifestement d'une certaine fantaisie stratégique sous-jacente à ma question.

« Écoutez, M. Dugdale , s'écria le charpentier, cela ne sert à rien de le présenter autrement que comme nous le voulons et comme nous voulons l'avoir. Il accompagna cela d'un violent hochement de tête. « Bien que nous soyons des hommes simples, sans aucune connaissance des livres parmi nous, nous ne devons pas être ridiculisés . C'est sur cette île que vous pouvez la trouver, si vous le souhaitez, et c'est vers cette île que nous nous dirigeons, monsieur ; et il m'a accordé un autre signe de tête emphatique et malveillant.

J'ai regardé les gars en silence. Un simple coup d'œil sur l'éventail de visages mulish aurait dû me convaincre que rien dans quoi que ce soit que je puisse dire ne pouvait induire en eux d'autres opinions que celles qu'ils avaient, ou leur rendre supportable une discussion qui devait être basée sur une probabilité qu'ils soient. déçu.

« Nous avons respecté notre part du marché, monsieur », a déclaré l'un d'eux.

« Oui, » s'écria le charpentier ; "J'admets que, même si ce monsieur fait tout ce qu'il peut, il n'a rien à trouver dans le traitement que lui et la dame ont reçu de la part de nous, les hommes, dont il puisse se plaindre."

«Je ne me plains pas», m'écriai-je; « Avez-vous de votre côté une raison de vous plaindre ?

"Non, monsieur, et nous n'en voulons pas", répondit l'homme avec un regard qui rendait ses paroles d'une signification indescriptible.

« Vous êtes satisfait, j'espère, lui dis-je, des explications que je vous ai données sur la situation et la route de la barque ?

«Oui», répondit le charpentier en regardant autour de lui.

« Alors il n'y a plus rien à dire », m'écriai-je, et prenant la carte, je la portai dans ma cabine.

CHAPITRE XXXVIII
TERRE !

Notre progression était lente. Pendant un certain temps, nous avons porté des vents forts qui nous ont entraînés vers les climats plus doux du Pacifique ; ils nous manquèrent alors et furent suivis d'une succession de petits airs, aussi souvent en avant qu'en arrière. J'ai cependant été étonné par les qualités de mouvement de la petite barque, semblables à celles d'un yacht. Par un temps à peine assez lourd pour avoir agité la *comtesse Ida*, la *Lady Blanche* se faufilait sur une surface d'eau souvent vitreuse, des ondulations fines comme du fil se détachant de sa tige pointue, et un court sillage marquant le onctuosité liquide sous son comptoir ; ses huniers et ses caps étaient immobiles, à l'exception de leur doux balancement au rythme de la longue et douce respiration de la houle ; un léger soulèvement cependant, perceptible dans les tissus légers des voiles les plus hautes, qui faisaient le travail du reste et communiquaient au petit tissu, de la douceur délicate des cieux bleus du Pacifique, pour ainsi dire, un élan de vitalité. , dont le souvenir m'étonnerait lorsque je constaterais que nos progrès au cours des vingt-quatre heures avaient été aussi considérables que l'Indiaman l'aurait obtenu sous une brise agréable.

Mais je ne voudrais pas m'attarder sur ce moment - bien que je puisse raconter une grande partie de mon association intime incessante avec Miss Temple - m'attarder avec délice, sans teinture du souvenir des misères et des angoisses de ce passage, sur le souvenir des douces et belles nuits de ces délicieuses nuits. parallèles, le crépuscule clair rayonnant du scintillement des étoiles d'une ligne de mer à l'autre, l'atmosphère douce, douce de rosée, le silence sur les lieues endormies des profondeurs, apaisant comme une bénédiction pour l'esprit perturbé, le jeu de de délicats feux dans l'eau, le remuement de la toile dans l'obscurité immobile des hauteurs, comme le frôlement des pignons des créatures planantes : puis la vaste scène bleue scintillante du jour, la barque vêtue de la blancheur ivoire de sa toile frappant une ombre prismatique de perle de ses flancs blancs et de ses hauteurs soyeuses dans les profondeurs opalescentes, sur lesquelles elle reposerait comme sur un lit de verre, quelque fontaine lointaine et courbe de corps noir et humide dénotant la montée d'un léviathan des profondeurs - ah ! si tout s'était bien passé pour nous, cela aurait été un moment noble pour que le souvenir puisse méditer - mais mon histoire m'amène à sa conclusion.

C'était le 18 février, je m'en souviens très bien. Depuis l'heure où nous avions aperçu le baleinier au large du Cap Horn, nous n'avions rien rencontré, pas même de la grosseur du bout de l'aile d'un oiseau de mer, qui pût rompre la continuité de la ligne maritime, aucune ombre de basse mer. -terre située, aucune vision d'un espace d'eau en forme d'étoile indiquant l'écume du récif submergé. Ce jour-là, à midi, après avoir effectué mes calculs, j'ai découvert que la distance jusqu'à l'île de Braine, comme je peux l'appeler, depuis la situation alors de la barque , devait être parcourue, si l'air léger restait tel qu'il était, dans environ douze heures ; de sorte qu'il conviendrait de le surveiller vers minuit.

J'ai donné cette nouvelle à M. Lush ; il le reçut avec une bouffée d'excitation qui humanisait presque la grossièreté insipide de son visage terne, boisé, lié de cuir et durci par les intempéries.

« Vous pouvez compter sur notre vigilance, monsieur, » dit-il avec un sourire qui révélait ses crocs couleur tabac , et qui pourrait à juste titre être qualifié de sardonique, puisque les yeux ne jouaient aucun rôle dans cette désagréable expression de satisfaction.

Je l'ai regardé s'avancer pour transmettre l'information aux hommes. Ils se dirigèrent en corps vers le gaillard d'avant et regardèrent autour d'eux, comme si l'océan avait un nouveau visage à leurs yeux, maintenant qu'ils croyaient que l'île de Braine était à une courte distance de la pente de celle-ci. Le charpentier montrait du doigt et était plein de paroles ; il y avait beaucoup d'allumages de pipes, d'expectorations, de bouffées de gros nuages révélateurs d'émotion, des mouvements inquiets, impatients et fugitifs parmi les hommes, dont certains se séparèrent bientôt en couples et se mirent à arpenter le gaillard d'avant comme des marines en sentinelle ; parlant, comme je n'en doutais pas, de l'argent qu'ils allaient déterrer, de ce qu'ils en feraient lorsqu'ils l'auraient, et ainsi de suite ; les expressions de leurs visages variaient à chaque instant, une émotion en supprimant une autre d'une manière qui, pour un œil contemplatif et tranquille, aurait fourni une étude à la fois ridicule et instructive.

J'avais la montre cet après-midi-là ; et quand Miss Temple et moi eûmes mangé notre petit repas de midi, j'attirai des chaises dans l'ombre du petit auvent, et nous nous asseyâmes ensemble, moi, la pipe à la bouche, quittant de temps en temps son côté pour jeter un coup d'œil à l'extérieur du bord de notre toit en toile. , accompagné d'un bref regard devant moi, car je ne pouvais être sûr du chronomètre du capitaine Braine, ni de l'exactitude de mes propres calculs, et si l'île du fou était là où il l'avait déclarée, elle pourrait apparaître de chaque côté de la proue. ou juste devant à tout moment, pour autant que je sache.

Miss Temple n'avait plus besoin du pardessus du capitaine Braine. Elle portait le costume de la *comtesse Ida* ; il était un peu sale, mais son ajustement parfait continuait à expier ses airs de naufragé. Ses yeux sombres brillaient sous l'ombre du chapeau de paille qu'elle portait lorsqu'elle avait quitté l'Indiaman. Elle n'avait besoin que de ses bijoux, de l'éclat et de la décoration de ses bibelots, pour se montrer à peu près aussi finement qu'elle l'avait fait ce jour-là. Il n'y avait que peu de changements visibles en elle. Pour ma part, je ne pus déceler rien d'autre que son visage un peu plus maigre que lorsque nous nous étions lancés pour la première fois dans cette folle aventure. L'œil d'une association étroite et constante ne serait en effet pas témoin de changements qui pourraient être instantanément perceptibles par celui rencontré après une absence. Pourtant, j'avais en esprit l'image de son brillant alors qu'elle était à bord de l'Indiaman, et en la regardant maintenant, comme je l'ai dit, je ne pouvais percevoir aucun autre changement que ce que j'ai mentionné. Cependant, sur le plan intellectuel, il y a eu une altération, définie jusqu'à un certain point dans ma vue. Son regard était adouci et souvent doux. La fermeté caractéristique de ses lèvres avait perdu son air hautain. Il n'y avait plus aucune manière de commandement dans ses regards, ni d'exigence dans son regard fixe ; rien n'indiquait que son esprit était brisé - simplement qu'il avait été courbé à un niveau humain moyen par l'usage brutal de la mer et par les expériences étonnantes dont ses mois d'association solitaire avec moi avaient été surchargés.

Jusqu'alors, c'est-à-dire depuis quelques semaines, elle affichait un comportement résigné, calme et résolu, comme celui d'une personne qui s'entraînait constamment pour se préparer à une question de vie ou de mort. Il y avait longtemps qu'elle ne se plaignait plus ; elle détectait même en elle un soupir avec un regard de contrition et d'auto-reproche. Je l'avais maintes fois complimentée sur les qualités héroïques que ses souffrances mentales et physiques avaient fécondées en elle ; mais cet après-midi, elle était fiévreusement impatiente et agitée. Les vieux feux de son esprit lorsqu'il était alarmé étaient dans ses yeux. Je l'observais lutter en vain pour paraître calme. Alors que nous étions assis ensemble, elle s'est exclamée en ramenant ses yeux vers mon visage d'un regard nerveux sur l'horizon au-dessus de la proue : « Demain, à cette heure, nous connaîtrons notre sort.

'Peut-être pas. Pourtant, je prie pour qu'il en soit ainsi. Si j'étais condamné à être pendu, je souhaiterais que cette heure vienne. Mais quel sera notre sort ? Rien dans cette vie n'est aussi mauvais ou aussi bon que nos peurs ou nos espoirs voudraient nous le faire croire. S'il n'y avait pas d'île... Eh bien, ces méchants me trouveront en alerte pour ce qui pourrait arriver sous forme de hasard, et vous devez être prêt.

« Je suis prête, s'écria-t-elle ; 'dis-moi seulement quoi faire. Mais cette attente... » Ses lèvres tremblèrent et ses doigts blancs se crispèrent sous l'agitation qui la possédait. "Le malheur, M. Dugdale, c'est que vous n'avez aucun plan."

« Cela viendra », m'écriai-je; « Soyez calme et gardez espoir. Je pourrais, dans le langage des héros de romans, espérer vous rassurer en vous promettant que si nous devons périr, nous périrons ensemble. Je ne suis pas un héros et je parle avec le désir et l'intention de vivre. Il y a peut-être encore quelques aventures devant nous ; mais ta main est dans la mienne, et je ne l'abandonnerai pas avant de t'avoir conduit auprès de ta mère.

Bien sûr, je ne parlais que pour la réconforter ; pourtant j'espérais tout en parlant, et mon espoir donnait à mes paroles un ton de conviction qui semblait l'animer, et elle souriait tandis que ses yeux nostalgiques se baissaient, comme dans une rêverie soudaine.

Pendant le reste de la journée, l'équipage était sans cesse en mouvement, entrant et sortant de la cuisine et entrant et sortant du gaillard d'avant, arpentant les planches avec une impatience forte dans leur démarche roulante ; l'un ou l'autre d'entre eux sautait de temps à autre sur le caisson pour scruter avec soif et fermeté sous l'abri de sa main ; l'un ou l'autre encore à de longs intervalles remontant jusqu'à la hauteur de la cour avant-royale , pour s'y attarder, tandis que les camarades d'en bas regardaient avec des visages impatients et des oreilles avides d'un cri venant de ce haut sommet. Parmi eux, la silhouette robuste du charpentier était remarquable. Lorsqu'il arrivait vers l'arrière, il avait l'air disposé à converser avec moi, mais je m'éloignais brusquement à son approche, et si j'avais l'occasion de quitter la cabine alors qu'il était sur le pont, je restais du côté sous le vent, créant un air qui même son regard inintelligent devait transmettre l'assurance que je ne souhaitais rien avoir à faire avec lui.

La brise était légère, juste assez en avant sur le travers pour permettre au mât de misaine de rester à l'extérieur. L'air était si faible que la barque rampait avec ses espars dressés, et le vol rouge de la girouette clignotait à peine aux douces respirations de la tête du mât royal. Je craignais qu'il n'y ait un calme plat au coucher du soleil , mais à ma grande satisfaction, il y avait un petit rafraîchissement dans la brise tandis que l'écarlate reposait encore glorieusement sur le visage sans nuages de l'ouest. En effet, mes propres angoisses et attentes presque folles me faisaient horreur de la simple imagination d'une période de stagnation. En supposant que le chronomètre ci-dessous soit correct, je n'avais aucun doute sur l'exactitude de mes calculs, et mon désir de vérifier ou de réfuter l'assurance du fou était dévorant et insupportable.

Quand la nuit tomba, il y avait sans lune et, grâce au souffle agréable du vent, d'une douceur et d'une fraîcheur singulières telles que je ne pouvais imaginer l'obscurité dans aucun autre océan. L'eau coulait maintenant en une ligne blanche de chaque côté, et le murmure sous le comptoir était aussi constant que la voix d'un ruisseau qui coule au milieu du calme d'une nuit d'été. Le menuisier veillait de huit heures à midi ; mais, pour ma part, je ne trouvais pas la force d'aller dans ma cabane. Telle était ma condition fiévreuse et agitée, que je savais que je fermerais les yeux en vain, et que l'inactivité d'une position couchée deviendrait rapidement ennuyeuse et intolérable. Miss

Temple m'a supplié de m'allonger sur le casier de la cabine. Je répondis que je ne pourrais pas dormir, et que sans sommeil, le simple repos de mes membres ne me serait d'aucune utilité.

« Mais vous devrez veiller de midi à quatre heures, s'écria-t-elle, et à ce rythme-là, vous ne dormirez pas cette nuit.

Je souris et répondis que Braine et le charpentier avaient assassiné le sommeil ; puis nous l'emmenâmes sur le pont, où nous marchâmes et conversâmes jusqu'à onze heures, six cloches. Je suis ensuite revenu avec elle à la cabane. Elle a refusé d'entrer dans sa couchette ; elle me suppliait, et ses yeux la suppliaient avec sa voix, de la laisser rester à mes côtés toute la nuit. Mais je n'en entendrais pas parler ; Je lui ai dit qu'une telle veillée l'épuiserait, que ses plus grandes forces pourraient être mises à rude épreuve plus tôt qu'aucun de nous ne pourrait l'imaginer ; qu'elle devait s'efforcer d'obtenir un peu de repos sur le casier, et que si quelque chose ressemblant à de la terre apparaissait pendant ma garde, je l'appellerais. J'ai vu sur son visage un air de remontrance de reproche ; mais la soumission était maintenant une habitude chez elle, et en silence elle me permit de disposer un oreiller et de jeter sur ses pieds une couverture légère que j'allais chercher dans son lit. Je m'asseyais à table près d'elle, appuyant ma joue sur mon coude, et de temps en temps j'échangeais quelques mots avec elle. Il n'y avait pratiquement aucun mouvement dans la mer. Le vent tenait la toile immobile. Le bouillonnement à côté était trop délicat pour être pénétré, et le silence dans le petit câlin n'était interrompu que par le tic-tac d'une petite horloge en cuivre sous la lucarne et par le pas mesuré du charpentier au-dessus.

Un peu avant midi, je regardai ma compagne et m'aperçus qu'elle dormait. A la veille, comme je le croyais, de Dieu seul savait quelle sorte d'événements, le spectacle de la jeune fille endormie et inconsciente, dont la beauté n'était jamais aussi touchante que lorsqu'elle était adoucie, et je puis dire spiritualisée par l'expression d'un repos placide, émue. moi au coeur. Quelle étrange association avait été la nôtre ! Comme nous étions devenus intimes ! quelles confidences notre souffrance commune nous avait-elle fait échanger ! Quelle condition de vie à terre aurait pu nous rapprocher, cette fille et moi, comme nous l'avions été et l'étions encore ? Combien je l'aimais, je le savais maintenant ; Je pouvais m'attarder sur ma passion avec délice en la regardant, bien qu'au seuil d'un avenir qui pourrait s'avérer terrible et destructeur pour nous deux. Quel était, à mon avis, le secret de son cœur ? Je regardais ses lèvres avec quelque espoir inintelligible de les voir former les syllabes de mon nom ; puis les carillons clairs de huit cloches flottèrent vers l'arrière. Avec un soupir et une prière, j'ai tamisé la lampe de la cabine et me suis dirigé doucement vers les marches du compagnon.

A ma sortie, le menuisier s'est approché de moi.

« Il y a un vent constant, dit-il ; « En tenant compte de cette amélioration de notre rythme, quelle heure pensez-vous que l' île mettra à se montrer ?

« S'il existe, répondis-je, il est peut-être en vue maintenant. La description du capitaine montrait qu'il n'y avait pas de hauteur de côté pour faire un métier à tisser . Si vous avancez, voyez que quelques mains sont postées sur le gaillard d'avant et dites-leur de garder une bonne veille. Nous ne voulons pas détruire le récif, s'il existe.

« Oui, oui, monsieur », s'écria-t-il de la voix rauque et désinvolte d'un marin recevant un ordre, et il quitta la dunette.

Le temps s'est écoulé. Il y avait une lumière allumée dans la cuisine ; et les formes qui entraient et sortaient par la porte ouverte, projetant des ombres géantes sur le carré d'éclairage brumeux du pavois à côté de l'entrée de la cuisine, me convainquirent que la plupart, sinon la totalité, des hommes étaient éveillés et aux aguets. Plusieurs silhouettes, jamais moins de deux, se déplaçaient contre les étoiles au-dessus de la proue avec le pas régulier des sentinelles, distinctes sur le gaillard d'avant sous l' avant par les espaces du ciel étoilé qu'elles effaçaient en se déplaçant. La brise restait agréable et tout autour de la barque planante résonnaient les tintements estivaux de l'eau doucement brisée. De temps en temps, j'allais en avant et, me plaçant sur la montée de la tête de cathead là où elle s'inclinait jusqu'au rail, je tendais les yeux vers le crépuscule étoilé insaisissable où la mer et le ciel semblaient se fondre dans une obscurité liquide. Personne ne m'a abordé lors de mes allées et venues . Une fois, j'entendis le ton chaleureux du charpentier dans la cuisine, en pleine dispute. Les gars qui arpentaient le gaillard d'avant s'arrêtaient chaque fois que j'avançais et me regardaient en silence, pleins d'espoir, sans aucun doute, que je puisse voir plus qu'eux . La barque elle-même semblait participer aux émotions, à la curiosité haletante, aux aspirations avides des hommes qui attendaient l'apparition de l'île avec des mouvements agités et des voix atténuées par des grognements graves : le navire lui-même, dis-je, semblait gouverné par le attente passionnée de l'heure, tant elle était essoufflée et tremblante en l'air, si calme et si subtile était son mouvement dans l'eau, si attentif à l'aspect de son avant, comme si la courbe incessante de ses focs étaient des oreilles qu'elle projetait avec empressement pour pouvoir attraper le premier bruit du ressac des vagues.

Tout cela pendant que Miss Temple dormait profondément en dessous.

Il était quatre heures moins dix lorsque la dunette fut soudainement hélé depuis le gaillard d'avant. La voix résonnait fort et de manière surprenante dans l'oreille habituée au calme continu de la nuit.

'Bonjour!' J'ai pleuré.

"Il y a quelque chose de sombre juste devant", fut la réponse.

J'arrachai le verre du compagnon et m'avançai rapidement vers l'endroit où tout l'équipage avait couru au premier cri, et où je les trouvai debout dans un groupe de formes sombres près du bastingage, certaines pointant du doigt et toutes regardant dans une direction.

« Où est l'objet signalé ? » M'écriai-je.

« Là-bas », s'écria le charpentier en sortant de la petite foule et en projetant son bras presque sur la ligne avec l'extrémité de la flèche.

Je l'ai immédiatement perçu ! Ce n'était qu'une traînée d'ombre, basse, comme une ligne de nuages aperçus la nuit s'élevant de quelques brasses de son front au-dessus de la ligne de la mer. J'ai pointé le télescope ; et les lentilles, sans révéler les traits, réduisaient la longueur de l'obscurité aérienne en les proportions fermes de la terre.

« Est-ce l'île, monsieur ? demanda le charpentier d'une voix rauque d'excitation.

Mon propre étonnement, l'émerveillement suscité en moi par cette prompte résolution de l'incrédulité qui m'avait possédé dès la première minute après avoir entendu l'histoire du capitaine, le conflit d'émotions qui s'ensuivit lorsque je considérai que la terre devant moi devait inévitablement être l'île de Braine, puisque la carte montrait de l'eau claire jusqu'à la distance de la latitude de l'île de Pâques, ce qui n'était assurément pas le bas tronçon au-dessus de la proue, le métier à tisser n'étant guère plus que celui d'un récif - me rendit l'oreille sourde à l'enquête du charpentier. Il a répété sa question.

« Sinon, alors je ne sais pas de quelle autre terre il s'agit », dis-je. « À quelle distance sera-t-il, pensez-vous ? »

Les hommes se sont rassemblés autour de nous pour entendre ce qui se disait.

« Trois milles environ », répondit-il.

« Plutôt cinq heures », grommela un marin.

"Cinq dans tes yeux!" s'écria un autre, plus comme *tew*. Si vous retenez votre respiration, vous entendrez le bruit des vagues.

« Mieux vaut raccourcir les voiles et attendre le jour, M. Lush », dis-je.

« Oui, oui, monsieur », répondit-il; « ce sera la bonne chose à faire ; » et se mit aussitôt à hurler des ordres.

Le tumulte de l'équipage excité qui s'élançait et descendait, criait en tirant sur les cordes et sautait avec un empressement qui faisait ressembler leurs silhouettes à celles de fous, réveilla Miss Temple. J'étais seul sur la dunette, tâchant d'avoir une vue sur le terrain en me penchant par-dessus le bastingage, lorsqu'elle s'approcha de moi.

« Qu'y a-t-il, M. Dugdale ?

'Atterrir!' m'exclamai-je en me tournant instantanément vers elle.

'L'Ile?' s'écria-t-elle en réprimant son étonnement jusqu'à ce qu'elle ait reçu ma réponse.

«Je n'en doute pas. L'ombre indique qu'il ne s'agit que d'un récif. Ses relèvements, d'après mes calculs, correspondent exactement à ceux donnés par le capitaine Braine.

Elle projeta sa tête par-dessus la balustrade, mais il lui fallut un certain temps avant de pouvoir distinguer la simple touche de tristesse que la terre faisait à l'horizon.

« Si ce devait être l'île ! » elle a pleuré. « Que vous auriez dû diriger ce navire droit comme une flèche vers lui, et qu'il devait être là – ce n'est pas un rêve fou, comme nous l'avons tous deux cru ! Si une partie de l'histoire est vraie, l'autre devrait l'être.

J'étais trop étonné pour discuter. Je ne pouvais rien faire de plus qu'éjaculer. Bien sûr, comme mon compagnon l'avait dit, si l'histoire de l'île était vraie, l'histoire de l'or pourrait l'être également. Il y aurait donc un trésor dont les hommes pourraient s'emparer ! Et après ?

Mon cerveau semblait tourbillonner comme un teetotum dans mon crâne.

Pendant ce temps, les marins avaient réduit la voilure jusqu'à ce que la barque ne soit plus que sous les huniers, le reste de la toile pendait aux vergues dans la prise de son équipement. Le menuisier est arrivé sur la dunette.

'M. Dugdale , s'écria-t-il d'une voix rude et félicitatrice, vous avez merveilleusement bien fait, monsieur. Par --! mais je ne pense pas qu'il y ait jamais eu un navigateur qui aurait trouvé cela aussi vrai que vous. Vous n'avez plus aucun doute, je l'accorde ? et j'ai vu son visage s'assombrir avec les rides du sourire qui recouvraient son visage.

« Qu'est-ce qui va suivre ? » » ai-je demandé, pensant profiter de son humeur.

« Eh bien, l'or, répondit-il, l'argent, monsieur ; ce que nous attendions; et ce que je soupçonne, c'est que la plupart d'entre nous saurons quoi faire une fois que nous l' aurons compris .

'Et puis?'

"Ce sera une question à considérer", répondit-il en s'éloignant et en se dirigeant vers le rail et en regardant devant lui.

« Reculez le hunier et amenez le navire à l'arrêt, M. Lush, lui dis-je, et faites lancer le plomb, voulez-vous ? »

Ces ordres furent immédiatement obéis. Le plomb s'étendait sur toute la longueur de la ligne sans toucher le fond. Il n'y avait plus qu'à attendre le jour. Une éternité entière sembla s'écouler avant que l'aube ne se lève. Puis, au fur et à mesure que le gris terne s'estompait sur le bord de la mer orientale, la terre s'est effondrée, jusqu'à ce que, au soudain lever du soleil dans le ciel bleu clair du matin du Pacifique, elle ait éclaté dans toutes ses proportions et caractéristiques distinctives à pas un mile de notre faisceau bâbord alors que nous nous posons ensuite avec notre grand voile arrière.

L'équipage, négligeant toute discipline et toute habitude à bord, fut rassemblé en corps sur la poupe ; et ainsi nous regardâmes tous, moi à une petite distance d'eux avec Miss Temple à mes côtés. C'était une petite île corallienne, apparemment des dimensions indiquées par le capitaine Braine. Vers le nord, l'eau douce débordait jusqu'à une longue étendue de sable corallien, brillant comme la neige dans l'éclat du soleil matinal. Il y avait une petite colline verdoyante de végétation au centre de l'île ; à quelle distance, je ne pouvais pas imaginer. Presque à notre hauteur, la terre s'étendait en demi-cercle comme un fer à cheval et était exactement le lagon décrit par le capitaine Braine. Au centre, juste au moment où il avait marqué la chose sur sa carte, s'élevait une formation corallienne ayant l'apparence d'un pilier très épais, et à la distance d'où nous l'avions examinée, elle aurait facilement pu passer pour un monument de pierre blanche érigée par des mains humaines, dont le sommet décoré avait été brutalement brisé par une tempête ou quelque choc volcanique. Sur l'alignement de ce pilier, à peu de distance en amont de la plage de la lagune, se trouvaient plusieurs bouquets d'arbres. Il y avait une sorte de végétation rabougrie qui s'étendait vers l'intérieur des terres depuis le bord de la petite baie, de l'herbe grossière, comme mon télescope l'avait constaté, des enchevêtrements de buissons, etc.

Le charpentier, au milieu des hommes, se tenait debout, la carte en parchemin à la main, indiquant comment les contours correspondaient à ceux du terrain, au milieu d'un brouhaha de commentaires enthousiastes et d'exclamations d'excitation. Pour ma part, je ne pouvais pas faire confiance à mes sens ; J'ai contesté le témoignage de mes propres yeux ; Je les ai emmenés loin de l'île pour les fixer avec une émotion de profonde stupéfaction sur Miss Temple.

« Est-ce que ça peut être réel ? J'ai pleuré. « Après des semaines de conviction de la folie totale de cette quête, dois-je enfin être persuadé que ce misérable suicide n'était pas fou, que son île est un fait, et son or une réalité absolue aussi ?

J'ai tourné le dos à l'équipage pour poser mes mains sur mes yeux afin d'apaiser mon front d'un intolérable sentiment d'évanouissement.

« Bravo pour lui, les hommes ! J'ai entendu le charpentier rugir. Des volées de huzzas résonnaient depuis les poumons des marins. Ils m'encourageaient. Je me suis retourné pour les trouver tous regardant dans ma direction. Ils jetaient leurs casquettes et brandissaient leurs bras comme des fous dans l'exubérance de leur joie.

« Maintenant, monsieur, chanta le charpentier, ne ferions-nous pas mieux de nous occuper de nos agrès au sol ? »

«Comme tu veux», répondis-je; « Voilà votre île ; J'ai tenu parole envers vous ; maintenant, M. Lush, l'équipage procédera comme bon lui semble. Lorsque vous aurez à nouveau besoin de mes services en tant que navigateur, je suis prêt ; En disant cela, je m'assis au bord de la lucarne et, les bras croisés, continuai à contempler l'île avec un tel étonnement et une telle incrédulité que je craignais pour ma tête.

« Est-ce que tout va pour le mieux, pensez-vous, M. Dugdale ? dit Miss Temple, qui s'était assise à côté de moi.

« Je ne peux pas le dire, c'est peut-être le cas. S'ils trouvent l'argent, la joie et la bonne humeur de ces misérables peuvent les inciter à se conformer à mon souhait de se diriger vers le port le plus proche. Je suis dans un rêve. Donnez-moi un peu de temps pour retrouver mon étonnement. Vous savez qu'il devrait être impossible que cette île soit là.

Elle me regarda avec inquiétude, avec quelque chose d'effrayé même, comme s'il y avait encore plus d'étrangeté dans mes manières que dans mon langage. De longues heures d'anxiété, de longues heures d'insomnie, l'appréhension continuelle de ce qui allait suivre si cette île n'était pas découvrable, ces choses et bien d'autres avaient fait leur travail avec moi ; et maintenant, par-dessus le marché, ce fut le choc de la découverte de la vérité sur ce dont j'avais toujours été convaincu qu'il s'agissait du rêve d'un fou, du mensonge d'une tête folle ! J'ai senti une humidité dans mes yeux ; mes membres tremblaient ; ma respiration est devenue épaisse et difficile. En silence, Miss Temple se précipita en bas et revint avec un verre de grog au brandy froid. Elle me l'a mis dans la main et je l'ai bu ; et je n'ai aucun doute que ce puissant stimulant – une dose telle qu'elle aurait pu m'enivrer en une heure de repos ! – m'a sauvé d'une crise d'hystérie, homme comme je suis qui raconte cela !

Pendant ce temps, les marins s'étaient avancés et travaillaient tous avec acharnement avec les câbles de chaîne, les reliant aux ancres, fixant les palans, hissant les lourds fers aux catheads et remplissant la barque d'affaires et de chansons. Ils travaillèrent avec une volonté et un empressement désespérés, mais leur progression était lente et le soleil avait monté de plusieurs degrés avant que tout soit prêt à se lever. Ils allèrent ensuite tumultueusement déjeuner, qu'ils dévorèrent sur le pont, vidant leurs marmites dans leur gorge, et mangeant à la hâte leur biscuit et leur viande, tandis qu'ils bavardaient d'une voix enthousiaste, l'un criant une plaisanterie à l'autre au milieu de grands rires.

Le charpentier avait désormais pris le commandement. Il est venu vers l'arrière pendant que Miss Temple et moi grignotions un petit-déjeuner que Wilkins nous avait apporté sur le pont, il a ordonné de faire pivoter le grand hunier et a placé une main avec une ligne de plomb dans chacune des chaînes principales. Le vent soufflait du sud et permettait à la barque , avec ses vergues renforcées d'avant en arrière, de presque lever la tête vers le lagon. Nous avancions lentement ; le plomb de chaque côté s'envolait fréquemment vers la proue, mais aucun fond n'était signalé . Cela a continué jusqu'à ce que le bâillement de la lagune soit sur notre hanche tribord, avec la tendance de la terre couverte de buissons s'ouvrant au fur et à mesure qu'elle se dirigeait vers le sud-est, puis un cri est venu des chaînes principales du port. L'eau montait maintenant rapidement ; un homme s'avançait, prêt à lâcher l'ancre ; les vergues de hunier tonnaient au cri du charpentier de lâcher les drisses ; la barque s'égara ; le cliquetis aigu d'un marteau résonna dans le navire, suivi d'un puissant clapotis et du rugissement des maillons de fer déchirés avec fureur dans les écubiers.

En quelques instants, le *Lady Blanche* fut au repos, avec l'éperon ouest de la lagune à moins d'un demi-mille d'elle.

CHAPITRE XXXIX
L'ÎLE

Les hommes se mirent alors au travail pour installer les palans sur les vergues, afin de hisser la chaloupe. Cela se heurta encore une fois au temps, car le bateau était calé et solidement amarré au pont ; et avant de pouvoir l'enlever, ils ont dû enlever les estacades de rechange qui étaient rangées sur lui et la nettoyer. Lorsqu'ils l'eurent à leurs côtés, ils lui passèrent de l'eau, des provisions et plusieurs gallons de rhum, ainsi que d'autres choses de ce genre, auxquelles je ne prêtai guère attention. Ils ont également transmis les pelles utilisées pour le petit stock de charbon qui était transporté dans le pic avant, ainsi que plusieurs corbeaux, des piques et tout ce sur quoi ils pouvaient mettre la main pour permettre à plusieurs d'entre eux à la fois de déterrer le sol.

Pendant ce temps, je restais assis sur la dunette avec Miss Temple. Je me sentais à nouveau mieux et plus fort, je pouvais penser rationnellement et l'étonnement était épuisé.

« C'est sans aucun doute l'île que le capitaine Braine a nommée », dis-je à la jeune fille en parlant avec mon œil au télescope. « Je me souviens qu'il parlait d'un bosquet d'arbres au pied duquel le trésor est caché. Là-bas, il y a plusieurs touffes. Lequel d'entre eux sera-ce, je me demande ? et l'argent sera-t-il là ? Quelle romance étonnante ce serait, si ces marins tombaient avec un butin de près de deux cent mille livres !

« Que vont-ils faire, pensez-vous, M. Dugdale ?

"Il me semble que tout le monde allait à terre pour creuser."

« Est-ce qu'ils n'emportent pas beaucoup de provisions avec eux ?

« Ils veulent peut-être se réjouir. Après des mois de vie à bord, le contact de la terre sera reconnaissant à la plante de leurs pieds. Laissez-les trouver l'or ! leurs transports ne connaîtront pas de limites ; il y aura quelques évasions sauvages parmi eux avant qu'ils ne se détachent, ou je me trompe lourdement. Dieu merci, ils s'enivreraient pour que je puisse m'enfuir avec le navire.

« Cela ne peut-il pas être fait lorsqu'ils sont à terre ? s'écria-t-elle avec un air de supplication exultante en se penchant soudain vers moi pendant qu'elle parlait.

« Oui, si un coup de vent au large venait à souffler, je pourrais réussir à glisser et laisser la barque prendre le large devant elle. Mais par ce temps ! Ils me poursuivraient en un tournemain dans leur bateau, et puis que Dieu me vienne en aide lorsqu'ils m'attraperaient !

Une nuance de pâleur envahissait son visage, et elle me regardait avec un air consterné, comme si elle était violemment affectée par les fantaisies que ma simple phrase lui avait proposées. Je sautai sur le poulailler pour balayer la ligne de mer avec le télescope, mais je ne pus discerner nulle part la moindre ombre de terre. Au moment où je posais la vitre, le menuisier descendit de la dunette où, à la passerelle, il était occupé à crier des instructions et à surveiller le travail de préparation du bateau, et s'approcha de moi. Il tenait la carte en parchemin du capitaine Braine, devant laquelle il s'arrêta pour regarder un instant alors qu'il était encore à quelques pas de lui.

« Voulez-vous me dire quelle est votre opinion sur le temps, monsieur ? s'exclama-t-il d'une voix dont la bourrucité et la hargne naturelles ne devaient pas être adoucies par la satisfaction qui n'était visible que dans un petit symptôme de respect dans son attitude.

«Je ne sais pas, j'en suis sûr. Ce ciel sans nuages devrait être plein de promesses. Le mercure dans la cabine du capitaine promet du beau temps.

« Qu'est-ce que tu penses de laisser ces voiles pendre ? dit-il en levant son regard malveillant ; « ou devons-nous les monter à bord et les rouler avant de descendre à terre ? — même si ce sera un long travail », ajouta-t-il en dirigeant ses yeux assoiffés vers l'île.

«Le navire est entre vos mains», dis-je.

« Eh bien, s'écria-t-il, comme s'il était satisfait de mon aveu, et en jetant un lent regard autour de la mer ; nous les laisserons tels qu'ils sont pour le moment. L'ancre a une bonne prise, je l'admets ; si la brise se lève, nous pourrons envoyer quelques hommes à bord pour enrouler les voiles.

Nous! pensai -je en le regardant en silence.

« Ma vue n'est plus ce qu'elle était », a-t-il poursuivi ; « Pourtant, je vois assez de cette île là-bas » (et il commença alors à tâtonner avec la carte qu'il tenait) « pour deviner que celle-ci en est une ressemblance de premier ordre. Ceci, dit-il en désignant de son pouce carré la marque au milieu de la lagune sur le parchemin, est l'un des repères que nous devons avoir à l'esprit pour savoir où nous devons commencer à creuser. n'est -ce pas ?

«Je le crois», dis-je.

« N'avez-vous pas consigné par écrit les détails de l'endroit ? » a-t-il demandé en me regardant depuis la carte.

«Non», répondis-je brièvement.

« À combien de pieds l'argent était-il caché loin du lavage de l'eau ? » il a ordonné.

« C'était en pas, je m'en souviens, » répondis-je, « mais le chiffre a complètement disparu de ma tête. Wilkins devrait pouvoir s'en souvenir.

Il courut avec une sorte de consternation vers la cassure de la crotte et brailla pour Wilkins. Le garçon arriva à mi- escalier. Le menuisier lui parla puis revint.

« Le jeune scowbanker ne s'en souvient pas », s'est-il exclamé. « Il croit — malédiction sur ses croyances ! — que le capitaine a parlé de quatre cents pieds. C'était ça, monsieur ?

«Je m'en souviens suffisamment pour être sûr qu'il ne faisait pas quatre cents pieds», répondis-je.

Il ramassa le verre et le pointa vers l'île.

« De quels bosquets d'arbres le capitaine vous a-t-il parlé ? » demanda-t-il en regardant.

« Il n'a décrit aucun amas particulier. On devait le trouver en mesurant à tant de pas depuis le bord de l'eau de la lagune là-bas, le pilier portant quelque chose vers l'ouest, mais ce que je ne peux pas vous dire. J'ai traité cette histoire comme un rêve de fou et j'en ai chassé tous les détails de mon esprit.

— Il faudra donc essayer tous ces bouquets, c'est tout, dit-il avec un visage dur et une voix à la fois aiguë et grossière avec un caractère mal maîtrisé. « Nous obtiendrons l'argent, même s'il faudra déterrer toute l'île. Et maintenant, monsieur, plus rien ne peut nous arrêter : le bateau est prêt, si vous voulez bien nous accompagner.

« Je ne peux vous être d'aucune utilité », m'écriai-je avec un recul involontaire ; « Tu as assez de mains pour creuser. Je vais m'arrêter ici.

« Non, s'il vous plaît ; nous aurons besoin de vous, dit-il avec un regard déterminé et obstiné.

« Je ne dois pas rester seul, M. Lush », s'écria Miss Temple avec une expression douloureuse de peur sur son visage exsangue. « Si M. Dugdale s'en va, je dois l'accompagner. »

'Non, moi. Vous êtes suffisamment en sécurité ici. Nous devons avoir M. Dugdale avec nous pour nous montrer quoi faire. Pour l'amour du Seigneur, pas de disputes, monsieur ! L'impatience des hommes les obligera à vous prendre dans leurs bras et à vous soulever par-dessus bord, si vous les faites attendre .

« Mais dois-je comprendre, m'écriai-je, que vous avez tous l'intention de quitter le navire, laissant cette dame seule à bord ?

« Joe Wetherly et Jim Simpson resteront », répondit-il ; ils veilleront, et nous, les hommes, deux suffisent sous la grêle de leurs voix. Maintenant, monsieur, s'il vous plaît.

L'équipage debout dans la passerelle me regardait avec des signes d'irritation dans leur attitude. Il me suffisait de jeter un coup d'œil au visage du charpentier pour me convaincre que l'humeur, la protestation, l'appel seraient sans espoir ; ce refus doit simplement aboutir à ma prise corporelle. Tous mes instincts me poussaient à une politique de conciliation . Irriter les gens serait le comble de la folie ; provoquer l'indignité d'être saisi et brutalement jeté dans le bateau, le plus haut degré de folie. Ma résolution fut aussitôt prise .

«Je vous accompagnerai, M. Lush», dis-je. « Allez sur la dunette pendant que je dis quelques mots pour réconforter mon compagnon. »

Il s'éloigna au geste avec lequel j'accompagnais cette demande.

« Miss Temple, je vous en prie, prenez courage. Wetherly est l'un des deux hommes qui doivent rester . Vous vous sentirez en sécurité ici avec lui à bord jusqu'à mon retour.

« Jusqu'à votre retour ! » s'écria-t-elle, les yeux pleins de misère et d'horreur. « Je ne te reverrai plus jamais !

'Oh non ; ne croyez pas une telle chose. Les hommes s'imaginent que je leur serais utile en éclairant l'endroit où se trouve l'or. Ils ne peuvent pas se passer de moi comme navigateur. Ils m'emmèneront avec eux lorsqu'ils quitteront l'île.

« Je ne vous reverrai plus jamais », répéta-t-elle d'une voix de détresse exquise. « Pourquoi n'auraient-ils pas pu nous laisser ensemble ici ?

«Maintenant, M. Dugdale , s'il *vous* plaît», brailla le charpentier du haut de l'échelle de dunette.

J'ai pris et pressé sa main entre les miennes, puis je me suis détaché d'elle. Qu'avais-je à dire, quoi offrir, pour qu'elle puisse se transformer en espoir ? Je sentais le danger de continuer à la voir dans son désespoir et son impuissance, car cela produisait déjà en moi une rage contre les hommes qu'il fallait à tout prix réprimer. Je me suis retourné pour sourire et agiter la main, et je l'ai trouvée dos à moi et le visage enfoui.

Wetherly et l'homme qui devait rester avec lui se tenaient un peu en avant de l'écoutille principale et regardaient. Alors que je me dirigeais vers la passerelle , j'ai crié : « Wetherly et vous, Simpson : je laisse la dame derrière moi ; elle est seule. Vous vous occuperez d'elle, mes amis, je vous en supplie.

Simpson me regardait fixement, comme s'il ne me comprenait pas ; en fait, il n'y avait aucun visage parmi les marins dont toute signification paraisse avoir été aussi entièrement déchargée que le sien. Wetherly sourit et tendit la main avec un regard significatif. Il comprendrait parfaitement que j'avais inclus Simpson comme excuse pour faire appel à lui seul. Sans ajouter un mot, je tombai dans les chaînes principales et sautai dans la chaloupe.

Quand les hommes furent entrés, nous étions dix en tout. Le bateau était un bateau spacieux et robuste , et ses rames étaient presque aussi longues que des voiliers. La barque les quarterboats auraient été trop petits pour ce service ; car nous étions dix à former un corps, et ils l'avaient généreusement arrimé avec de l'eau, du rhum et des provisions (comme vous le savez), sans parler des articles divers avec lesquels ils se proposaient de creuser la terre. Je m'étonnai plutôt qu'ils aient pu s'approvisionner avec autant d'hospitalité, jusqu'à ce que je me souvienne que le capitaine Braine avait dit qu'il n'y avait ni eau douce ni rien à manger sur l'île. Le charpentier s'en était sans doute souvenu comme d'un passage de l' histoire que Wilkins avait entendu et répété. Il se peut aussi qu'ils aient eu l'intention de rester quelque temps sur cette île après avoir déterré l'or, pour se rafraîchir, avec l'essentiel de la terre sous leurs pieds, pendant un jour ou deux après leurs longs mois de mer agitée ; auquel cas ils transporteraient naturellement ce dont ils avaient besoin immédiatement, pour s'épargner la peine d'un voyage jusqu'au navire.

Leur départ de Wetherly était dû, à mon avis, à l'indifférence et au doute qu'il avait manifestés dès le début ; peut-être auraient-ils aussi eu l'idée, en exigeant qu'il reste à bord, de lui escroquer une partie de sa part ; et comme ils estimaient qu'il fallait être deux pour surveiller la barque , ils ne trouveraient en elle la volonté de rester que chez l'homme le plus stupide d'entre eux, qui, bien sûr, était Simpson. C'étaient des pensées qui me traversaient l'esprit à la hâte, alors même que les gars étaient en train de s'enfuir. Il n'y avait ni voile ni mât dans le bateau. Ils considéraient probablement que ces choses encombraient les bancs, alors qu'en fait, ils n'en avaient pas vraiment besoin, puisque le navire se trouvait à une traction très facile. Quatre gaillards renversèrent leurs rames, et le bateau brisa maladroitement l'eau lisse sous l'impulsion de leurs pales.

Lorsque nous fûmes dégagés de l'ombre du côté de la barque , je me tournai pour chercher Miss Temple et je l'observai assise dans une posture de découragement total sur la lucarne. Je me levai et brandis mon chapeau ; mais elle ne fit aucune sorte de réponse. Elle restait immobile, comme stupéfaite et insensible. J'ai repris ma place, respirant fort avec l'humeur sauvage qui m'envahissait ; mais il ne fallait pas que je reste assis en silence. Le menuisier me bombarda de questions, qu'il ne cessa que pour que les autres aient l'occasion de se renseigner. Ne pouvais- je pas me rappeler combien de pas le capitaine m'avait dit ? Serait-ce cent ? Serait-ce deux cents ? Est-ce que je me tournerais vers et réfléchirais un peu ? La mémoire développée d'un gentleman était toujours meilleure que celle d'hommes ordinaires , qui n'étaient pas des érudits . Si le nombre de pas n'était pas atteint, il leur faudrait peut-être une semaine pour trouver l'endroit. Et qu'en est-il des roulements ? Ne pourrais-je pas me rappeler exactement comment les arbres sortaient de ce pilier ? Où que se trouvait l'or, il ne pouvait pas rester profondément caché, car il n'y avait que deux hommes pour l'enterrer, et eux, affaiblis par le naufrage, et ils n'allaient pas jusqu'en enfer pour créer un coin secret.

À tout cela, je devais écouter et répondre du mieux que je pouvais. Pourtant, il s'agissait de donner forme à une fantaisie qui me hantait depuis longtemps – qui me hantait, puis-je dire, depuis certaines de mes premières conversations avec le charpentier – , d'où surgit une perception aiguë et immédiate : que or ou pas d'or, ils doivent continuer à le chercher !

C'était une journée sans nuages ; le ciel d'un vrai bleu Pacifique, une légère respiration de vent au large de l'île ; et le soleil, qui était déjà à son méridien, jetait une grande splendeur sur l'air sans un excès de chaleur insupportable. La chaloupe flottait dans le lagon dont le fond se dessinait comme un pavé de marbre blanc tremblant à travers la translucidité bleue du verre. J'ai regardé attentivement autour de moi, mais je n'ai pu voir aucun signe de la cabane que le capitaine Braine m'a dit avoir construite et de laquelle il avait rampé pour trouver le vaisseau d'arpentage Yankee planant à la hauteur de l'île. Il n'y avait pas non plus d'autres reliques visibles de son naufrage : telles que les bouteilles, les tonneaux, les boîtes de conserve, etc., que, selon son récit, lui et son compagnon avaient débarqués du brigantin. Il est vrai que de nombreuses années s'étaient écoulées depuis la date du naufrage telle qu'il me l'avait donnée, et pendant ce temps l'île aurait pu être visitée ou balayée par les mers et les ouragans. Les marins ne semblaient pas tenir compte de l'absence de tous les souvenirs du débarquement du capitaine Braine ici.

"Le bateau espagnol aura débarqué là-bas", dit le charpentier, debout, se référant à l'histoire de Braine et indiquant par un hochement de tête impatient la position de l'étendue de plage brillante qui regardait vers le nord, mais qui était maintenant invisible. à nous. « Quel serait un bon endroit pour atterrir ici ?

Toutes les mains les regardaient. L'homme nommé Forrest a déclaré : « Il y a là un petit arbre qui maintiendra le bateau en sécurité. Mieux vaut la laisser à flot, M. Lush, « en cas de changement de temps et de devoir repartir précipitamment ».

« Oui, elle se couchera très bien sur cet arbre », s'est exclamé le charpentier. « À la rame, les gars ! Laissez-la glisser tranquillement sur la tige . J'ai entendu parler de pointes de corail arrachant le fond des bateaux.

Quelques minutes plus tard, la plupart d'entre nous étions à terre, le bateau tranquillement attaché par une ligne à un petit arbre solidement enraciné, et deux ou trois camarades à bord distribuant son chargement de bric-à-brac aux autres.

La sensation de la terre ferme sous mes pieds était une sensation singulière. J'étais maintenant sans cesse en mer depuis un temps qui s'allongeait rapidement jusqu'à six mois, et après ces interminables semaines de soulèvement à bord, l'immobilité de ce rocher de corail m'affectait comme quelque chose de tout à fait nouveau. J'ai jeté un rapide coup d'œil autour de moi ; mais les yeux que j'avais tendus par-dessus le bastingage de la barque m'avaient fait connaître tous les points importants de l'île, et cette étude plus approfondie n'a rien apporté de nouveau. La marge de la plage du lagon montait en pente douce depuis le corail dur jusqu'à une espèce de sol qui semblait posséder certaines qualités de fertilité, car les hautes herbes grossières étaient très abondantes et d'un vert très vif. Les quelques groupes d'arbres étaient également richement vêtus et les buissons extraordinairement abondants. Il n'y avait aucun signe de vie d'aucune sorte, sauf pour les oiseaux, dont une vingtaine ou deux tournaient dans les airs au-dessus de la plage faisant face au nord. L'élévation intérieure n'était qu'une petite pente verte ne dépassant probablement pas trente pieds jusqu'au sommet. Tout était silencieux, désolé, sans vie ; rien à entendre, au milieu des brefs intervalles de silence parmi les hommes, si ce n'est le bruit délicat du vent doux parmi le feuillage et le gémissement mélancolique des vagues de l'autre côté de l'île.

Tout était débarqué ; les hommes s'emparèrent des divers instruments qu'ils avaient emportés avec eux pour creuser la terre ; le charpentier brandit une pelle et m'appela : « M. Dugdale , ne vous souvenez-vous pas du nombre de pas ?

«Aucun du tout», répondis-je.

« Que conseillez -vous , monsieur ?

« Mesurez cent pas, en gardant ce pilier aligné avec ce bouquet d'arbres là-bas, puis creusez. »

— Oui, mais Wilkins a entendu le capitaine dire que l'argent était enterré au pied de quelques arbres, dit Forrest. "Cent pas ne nous amèneront pas près d'un arbre."

«Je ne me souviens de rien du pied de certains arbres», m'écriai-je.

« De quoi *vous* souvenez-vous ? cria le charpentier à Wilkins.

'Je pensais que je J'ai entendu quelque chose au pied des arbres, répondit l'homme en tournant son visage pâle et insignifiant vers Lush. Mais c'est M. Dugdale qui saura le mieux, bien entendu.

"Si l'argent est ici," dis-je, "vous pouvez le considérer comme caché quelque part dans cet espace", et, pointant du doigt, j'indiquai une surface oblongue dont une extrémité dépassait un peu le quatrième groupe d'arbres. tandis que je définissais l'autre comme partant d'une centaine de pas du bord de la plage où se trouvait le bateau.

Dix minutes furent désormais consacrées à une discussion animée. Par où commencer ? Un ou deux étaient pour me laisser faire et exécuter mes suggestions ; d'autres devaient mesurer deux cents pas et commencer par là ; tandis que d'autres servaient à creuser les racines des bouquets d'arbres et à les prendre les uns après les autres.

« Voyez ici, les gars, » cria le charpentier ; « Nous n'avons encore rien mangé. Mieux vaut y aller et prendre un dîner et un grog. À ce moment-là, nous aurons décidé quoi faire et serons plus aptes à aller travailler.

C'était une proposition qui plaisait à tous. Ils jetèrent les ustensiles qu'ils tenaient et, en très peu de temps, ils furent assis autour de l'herbe, leurs couteaux à la main, préparant un copieux repas avec du bœuf salé, des biscuits et du fromage, et jetant des pannikins de rhum et d'eau. Ils m'invitèrent à les rejoindre et me traitèrent avec tout le respect que je pouvais désirer. Encore et encore , pendant que nous étions ainsi assis, je dirigeais mes regards vers la barque alors qu'elle gisait, car elle pouvait sembler presque à portée de fusil de nous. La silhouette d'un homme arpentait le gaillard d'avant ; mais Miss Temple n'était pas visible . Un jour, le menuisier, me surprenant, s'écria avec une sorte d'enthousiasme dans la voix : « Eh bien, la petite pute *est* une beauté et il n'y a pas d'erreur. Quelle esclavagiste elle ferait ! Les éloges ne pourraient probablement pas être plus élevés chez un tel homme. Elle avait vraiment l'air d'une beauté ; le reflet de ses flancs blancs flottait sous elle comme une feuille d'argent vacillante ; sa toile suspendue en festons montrait la douceur laiteuse des traînées de nuages sur le ciel bleu devant elle ; ses agrès avaient la minutie exquise des cheveux. Dieu merci, pensai-je avec un soudain et lourd chagrin, que j'étais seul à bord avec Miss Temple, oui, sans d'autres mains que les miennes pour faire fonctionner le navire ! Je devrais trouver en moi la force d'une demi-douzaine de marins pour elle. Pauvre fille! et il y eut devant moi une vision de l'Indiaman – un souvenir de la fière Miss Temple qui supportait à peine de me jeter un coup d'œil… Mais c'était une rêverie qui devait être rapidement perturbée par la compagnie dans laquelle je me trouvais.

Ils avaient débattu d'une voix rauque jusqu'à ce qu'ils fussent parvenus à un accord, et, après avoir terminé leur repas, chacun alluma son pouce d'argile fuligineuse, ramassa sa pelle ou son corbeau, ou tout ce qui avait été rapporté de la barque , et marcha vers le plus proche du bouquet d'arbres au pied duquel ils se mirent à creuser. Tous les hommes étaient en mouvement : ils travaillaient avec une activité incroyable, et avec des visages d'attente ravie qui me forçaient sans cesse à sourire, déprimé, anxieux, misérable comme j'étais. Les mains jointes derrière moi, je faisais les cent pas , observant et attendant. Maintenant que l'île s'était avérée un fait absolu, je ne pouvais plus être certain que l'or était une fantaisie de fou . Bien plus, j'imaginais maintenant en effet que tout cela était vrai, et que Braine était devenu fou en possédant son secret incommunicable agissant sur un esprit congénitalement teinté de folie, et irrémédiablement affaibli encore par les horribles souffrances qu'il avait endurées avant d'être rejeté. à cet endroit. Pourtant je ne regardais jamais la barque sans qu'une prière tremblait de mon cœur jusqu'à mes lèvres pour que les misérables ne trouvent pas l'or. Un vieux projet, que cet éclairage inattendu sur l'île avait accéléré et donné forme, mûrissait rapidement dans mon esprit, même pendant que j'arpentais cette étendue d'herbe ; mais la découverte de l'argent la rendrait avortée.

J'observais les marins avec un intérêt aussi vif que le leur, mais avec des espoirs diamétralement opposés. Le sol était sec, tenace, peut-être à cause du mélange de gravier de corail et des fibres grossières de son herbage. Pourtant, ils étaient nombreux , et chacun travaillait avec une énergie désespérée, et bientôt ils avaient creusé un bon espace jusqu'à une certaine profondeur. J'attendais le cœur battant le cri d'exultation que pousserait, j'étais sûr, le premier homme qui trouverait une des pièces jaunes. Ils continuèrent à travailler en silence. À ce moment-là, le charpentier, appuyant sa poitrine sur sa pelle, la sueur tombant en pluie sur son visage cramoisi, me cria : « À quel point, pensez-vous que nous devrions continuer à creuser ?

« J'abandonnerais à deux pieds », dis-je. « Le capitaine Braine et son ami ne trouveraient pas la force d'aller bien au-delà de deux pieds.

Un des gaillards sonda avec son corbeau, et le sortant, le pouce à la hauteur du niveau, s'écria : « C'est déjà plus de deux pieds.

Ils creusèrent néanmoins un peu plus longtemps ; puis quelques injures coururent parmi eux, et le charpentier, avec une note d'irritation dans la voix, hurla : « Il ne se passe rien de bon ici. Essayez ce bouquet. Il s'y dirigea et enfonça sa pelle dans le sol. Les hommes se rassemblèrent autour de lui et, en un instant, ils se remirent tous en mouvement.

C'était un dur labeur qui, je le savais, devait les forcer à s'arrêter immédiatement. Bien que je ne puisse pas me rappeler distinctement la direction du trésor donnée par le capitaine Braine, j'étais persuadé qu'il avait désigné la base du groupe d' arbres que les camarades venaient de quitter comme étant la cachette de l'argent. S'il n'était pas là, alors je pourrais être parfaitement satisfait qu'il n'était nulle part ailleurs, et l'espoir a recommencé à renaître en moi. Leur travail à la base de la deuxième touffe n'a abouti à rien. Ils ont exposé un large espace et sont allés en profondeur, mais en vain. Le temps avait passé rapidement ; Je regardai ma montre et fus étonné de la trouver dure à cinq heures.

Pendant tout ce temps, le ciel était resté sans nuages, et aucun signe visible dans aucune partie de son visage n'indiquait un changement dans cette douceur et cette tranquillité du temps. Cependant, le léger tirant d'eau du large s'était déplacé vers l'ouest, et à cette heure il y avait une brise fraîche et agréable qui effleurait la poitrine de la mer en une surface d'ondulations scintillantes. L'eau du lagon tremblait lorsqu'elle respirait latéralement à travers sa face, et déjà la plage de corail de cette gracieuse crique à large ouverture portait du côté sous le vent sa tension de minuscules brisants.

Les marins étaient alors plutôt épuisés. Les expressions que portaient leurs visages, pour autant qu'elles pouvaient être déterminables au milieu de la pourpre, de la transpiration et des cheveux de leurs visages dégoulinants et brûlants, les montraient pleins d'irritabilité et de déception. Le charpentier s'adressa à eux ; Je n'ai pas compris ce qu'il disait, mais alors qu'ils arrivaient en groupe vers la partie de la plage où j'avais fait les cent pas ou assis pendant qu'ils travaillaient, je pouvais les entendre jurer et jurer, tandis qu'ils grommelaient et grondaient leurs suppositions quant à où l'argent était caché, leurs yeux parcourant le sol tout en parlant. Le visage de Lush était dur à cause du caractère.

« Nous allons envoyer des hommes pour enrouler la toile la plus légère, dit-il. « Je n'ai pas beaucoup d'opinion sur ce sol comme terrain d'appui, et il sera traîné avec tout ce poids de toile et emporté par le vent hors des sondages, si nous n'y veillons pas.

«Une précaution très appropriée», dis-je froidement. « Vous n'avez pas encore l'intention d'arrêter de creuser, je suppose ?

'Abandonner?' s'écria-t-il de son air grossier sarcastique, et fronçant les sourcils à cause de la rage suscitée par ma question. 'Non; pas si nous devons déterrer toute l'île, comme je vous l'ai dit .

'Très bien. Je monterai à bord avec les hommes dans le bateau. L'argent, s'il est caché, sera par ici, dis-je en agitant le bras, et je ne peux plus vous être d'aucune utilité.

'Non non; vous vous arrêterez avec nous, s'il vous plaît, dit l'homme. « Votre souvenir du nombre de pas vous reviendra peut-être, et nous ne pouvons pas nous passer de vous.

J'envoyai un regard de sa part vers les visages des camarades qui écoutaient près de nous, et sans un autre mot croisai les bras et, avec un tour de talon, me mis en marche d'avant en arrière.

CHAPITRE XL
I M'ÉVADER

Si j'avais été témoin de l'oisiveté des protestations, des remontrances et des appels à bord de la barque , j'aurais cru que mes supplications étaient dix fois plus inutiles devant la mortification du charpentier et de son équipage, accrus par l'irritation et la colère. fatigue du travail dur et inutile. Je pouvais tout de suite être sûr qu'ils n'avaient pas l'intention de me laisser quitter l'île jusqu'à ce qu'ils la quittent eux-mêmes pour de bon. Il y aurait aussi de la méfiance ; la peur que je puisse réussir à m'enfuir avec le navire. Pourtant, je devais encore découvrir ce qu'ils comptaient faire ; quels étaient leurs projets pour la nuit. Je savais ce que je voulais et je me souviens de ce pour quoi j'avais prié alors que je marchais solitairement d'avant en arrière sur le bord de l'herbe où il y avait peu d'herbe jusqu'à la plage.

Sept hommes entrèrent dans la chaloupe et s'enfuirent. Le charpentier resta ; avec lui se trouvait le marin nommé Woodward. Ils se jetèrent à terre d'un air épuisé et fumèrent ainsi leur pipe. Au bout d' un moment , le menuisier m'a appelé. Je m'approchai de lui tranquillement. Il m'a demandé si je me souvenais du nombre de pas qui me séparaient de la plage et m'a regardé avec tant d' attention. d'un air maussade alors qu'il posait la question, j'ai commencé à penser qu'il soupçonnait que je pouvais dire si je choisissais.

« Si Wilkins ne s'en souvient pas, m'écriai-je, pourquoi devrais-je pouvoir le faire – moi, dont vous connaissez bien l'opinion sur cette affaire ? Je ne me souviens pas du nombre de pas. J'aurais aimé le faire, car je suis plus que jamais impatient que vous puissiez l'être de parvenir à cet or, afin que nous puissions nous éloigner et mettre fin à l'aventure la plus maudite à laquelle un homme ait jamais été contraint.

La chaleur et la sincérité évidente avec lesquelles je prononçai ces paroles le calmèrent légèrement, et son visage laid relâcha son air menaçant. Le trouvant silencieux, je lui dis : « Que veux-tu faire ?

« Arrêtez-vous ici toute la nuit », répondit-il brièvement. « Arrêtez-vous ici, je vous l'ai dit, jusqu'à ce que nous ayons trouvé l'argent. »

« Vous laisserez des hommes à bord du navire pour s'occuper d'elle ?

— Deux suffiront amplement, répondit-il. « De combien de soins a-t-elle besoin dans un tel contexte ? Si nous ne trouvons pas l'or avant la nuit – et il n'y aura aucune chance que *cela se produise* , je le concède – nous devrons tous être à portée de main pour le récupérer à l'aube.

Je n'ai posé aucune autre question ; et l'homme tomba dans le silence, l'un et l'autre suçant leur pipe, tandis qu'ils semblaient chasser les yeux vers le sol, couchés, la tête appuyée sur les coudes.

J'ai vu Miss Temple sur la dunette, observant le bateau qui approchait. J'imaginais bien le sentiment qu'elle ressentirait lorsqu'elle s'apercevrait que je ne faisais pas partie des occupants de la petite embarcation ! Le bateau a accosté maladroitement et les hommes ont sauté à bord par-dessus une courte échelle de passerelle en corde qui avait été larguée. Ils se mirent aussitôt au travail, comme s'ils étaient pressés d'achever le travail d'enroulement, pour pouvoir revenir ; et avec une rapidité qui surprenait chez des camarades presque épuisés par le travail précédent, ils enroulèrent la grand-voile, la misaine et la toile plus légère, laissant les huniers pendants, et la brigue lâchement bralée dans le mât. Cela fait, ils descendirent et s'arrêtèrent près de la passerelle, comme pour donner de leurs nouvelles aux deux matelots restés en arrière. Ils remontèrent ensuite dans le bateau et se dirigèrent tranquillement vers l'île. Alors qu'ils sautaient sur la plage, j'ai remarqué que l'homme Simpson avait remplacé Forrest, qui avait été laissé pour surveiller avec Wetherly. Je me suis immédiatement senti très mal à l'aise en observant cela. Il n'y avait aucun autre homme de tout l'équipage que je ne voudrais pas J'aurais plutôt souhaité être l'associé de Wetherly que ce jeune marin impudent, mutin et au visage audacieux. Penser à Miss Temple seule avec ces deux hommes ! un homme de confiance, comme je l'espérais et le croyais ; mais l'autre était un coquin aussi insolent et provocant qu'on pourrait l'imaginer de n'importe quelle main scélérate de gaillard d'avant ! J'ai regardé avec impatience la barque et j'ai été heureux de constater que la jeune fille était descendue en bas. J'ai sincèrement prié pour qu'elle ait le bon sens de rester cachée. Il y avait une longue nuit devant elle, et Wetherly pourrait dormir.

Jamais, depuis l'heure où nous avions perdu de vue l'Indiaman, je ne m'étais senti à moitié aussi inquiet, à moitié aussi distrait par des peurs et des pressentiments. Je m'éloignai de la partie de la plage où j'avais marché, afin que les rouages de mon esprit ne soient pas visibles sur mon visage ; et je fus reconnaissant ensuite, quand je me fus un peu calmé, que le charpentier ne m'ait pas proposé de s'approcher ou de me parler ; car telle était la passion que mon inquiétude pour Miss Temple avait suscitée, que je crois qu'une seule syllabe de grossièreté m'aurait fait tomber sur lui – avec quel résultat il serait inutile d'imaginer ici.

Il restait environ une heure et demie de jour. Quand les marins eurent amarré leur bateau, ils allèrent souper. Au lieu du thé, ils buvaient du rhum et de l'eau, et cela en abondance.

« Ne voulez-vous pas nous embêter, M. Dugdale ? cria le charpentier. « Pas d'appel pour manger avec nous si vous vous opposez à notre compagnie. Vous pouvez séparer votre nourriture ; mais tu auras envie de manger de toute façon.

« Ce doit être un pauvre marin qui n'est pas assez de bonne compagnie pour moi », m'écriai-je, m'étant alors maîtrisé ; et aussitôt je m'assis parmi eux et tombai sur un morceau de bœuf salé, tandis que mon pouls battait plus fort grâce au pannikin de grog que j'avais vidé.

Les hommes ne parlaient que de l'or. « Si ce n'est pas sous ces arbres, dit l'un d'eux, il faudra qu'on fasse ce que le monsieur nous a dit ; en commençant à cent pas du courant d'eau là-bas et en creusant une ligne jusqu'à ce que nous l'atteignions.

« Dans quoi ceux qui l'ont caché l'ont-ils enveloppé ? » s'exclama un autre.

« Toile », répondit brièvement le charpentier.

« Ce qui aura pourri à ce moment-là, j'en conviens, et l' argent sera perdu », dit un marin.

« Qui en sera le premier à comprendre ? » s'écria Wilkins.

J'ai observé que des exclamations de ce genre produisaient en eux un sentiment général d'exaltation ; et le rhum aidant leur moral, ils commencèrent à faire des blagues, et leurs rires étaient forts et fréquents. La scène, pour quiconque aurait pu la voir sans détresse, a dû être considérée comme admirable pour son caractère de douce beauté romantique. L'atmosphère occidentale était pleine de la lumière rougeoyante du soleil descendant ; en dessous, l'océan lisse s'étendait dans un or sombre qui se transformait en un azur frais, qui coulait ensuite avec une teinte de bleu toujours plus profonde dans la distance liquide claire. Le tremblement de la mer sous la brise mettait un faible va-et-vient de lumière et d'ombre dans ces teintures, et rafraîchissait la lumière occidentale à la surface en une scintillation très glorieuse. La barque flottait comme une forme de marbre dans l'eau céruléenne qui s'étendait entre les reflets du soleil et les teintes plus sombres de l'est. Son gréement ressemblait à des fils d'or, sa girouette reposait comme une petite flamme sur le ciel, son ombre blanche fluctuait en se dissolvant du vif-argent sous elle, et alors qu'elle se penchait légèrement avec le soulèvement délicat de cette large poitrine du Pacifique, des étoiles pourpres brillaient sur elle. le pont, et ses mâts inférieurs brillants semblaient être en feu. L'eau du lagon flottait d'un bleu tendre jusqu'à la plage de corail sur laquelle elle ondulait. Il y avait dans l'atmosphère un arôme subtil de végétation intérieure douce et secrète. Les hautes herbes remuaient et le frôlement soyeux des feuilles des arbres les unes contre les autres produisait le son le plus rafraîchissant qu'on puisse imaginer pour des oreilles qui, depuis des mois, n'avaient reçu aucun bruit plus agréable que la tension des bois, le battement des voiles et le bruit. sanglots et lavage de la vague océanique. Rien dans la sauvagerie et les regards rudes des marins couchés au visage enflammé ne pouvait altérer la tendresse de ce tableau. Au contraire, leur rudesse semblait accentuer sa douce beauté, comme le silence d'un calme minuit en mer peut être accentué par une voix humaine bourrue parlant à distance, ou par un son grossier qui aide l'ouïe en contraste.

Le charpentier regarda vers le soleil.

« Ne perdons plus de temps », s'écria-t-il ; "Attaquons cette troisième touffe là-bas avant qu'il ne fasse nuit."

Ils se levèrent d'un bond, saisirent leurs différents outils et, en quelques instants, se mirent à creuser, à creuser, à s'ennuyer, mais en silence, car leurs efforts étaient trop lourds pour parler ou pour rire . Le soleil s'est couché alors qu'ils travaillaient encore. Ils n'avaient rien découvert, et le premier à abandonner fut le charpentier. Il envoya sa pelle voler dans les airs avec un juron bruyant.

«J'ai fini pour ce soir», rugit-il. 'Où sont- ils les scowbankers le cachent ? Il faudra que ce soit comme le dit M. Dugdale . « Demain matin, nous partirons à cent pas de la plage. Nous ne sommes pas là pour le rater, et nous l'aurons si nous arrachons les entrailles de cette île de ses quarante brasses de profondeur !

Il était furieux de colère et d'épuisement, et s'approchant d'une bouilloire pleine de rhum et d'eau, il remplit à moitié un pot à crochet et avala le contenu jusqu'à la lie, puis lui lança le récipient avec un air de répugnance et de passion. . Les hommes, jetant leurs instruments en tas, arrivèrent lentement vers l'endroit où se trouvaient le rhum et les provisions, jurant très librement, certains d'entre eux gémissant de lassitude, étalant la sueur de leur front sur leurs bras nus et étendant leurs poings fermés au-dessus de leurs bras. têtes dans des postures de bâillement. Chacun d'entre eux but une longue gorgée, puis ils se mirent lentement à remplir leur pipe tout en continuant à maudire le capitaine Braine et son compagnon pour n'avoir pas enterré l'argent dans un endroit où il pouvait être facilement récupéré .

Mon cœur battait maintenant rapidement d'anxiété. Quelle était la prochaine étape qu'ils comptaient franchir ? Le charpentier changerait-il d'avis et nous embarquerait-il tous à bord ? Je l'ai vu allumer sa pipe et regarder autour de lui avec une expression aussi mauvaise sur son visage que jamais j'en avais vu. Il marcha ensuite péniblement avec un profond roulis dans sa marche jusqu'à l'arbre auquel le bateau était attaché, et après avoir soigneusement examiné le nœud, comme pour s'assurer que la ligne était bien attachée, il resta un moment à regarder la petite embarcation. , comme s'il réfléchissait, envoyant ensuite ses yeux dans un autre regard roulant autour de l'horizon aussi loin qu'il était visible. Je l'observais furtivement, mais avec une anxiété dévorante.

« Dites-vous quoi, mes amis », a-t-il soudainement chanté en se tournant vers les hommes et en s'approchant d'eux, « il n'y a rien à craindre par ce temps, et la barque va rester aussi silencieuse que si elle était à l'arrêt. Nous allons simplement nous arrêter là où nous sommes ; mais il faudra garder une vigie et surveiller le bateau. Mieux vaut régler la commande immédiatement. Le guetteur sera assis dans le bateau, au cas où — ajouta-t-il avec un regard sarcastique dans ma direction — il pourrait y avoir des sauvages à notre insu avec une colonie derrière cette colline au milieu du bateau. Qu'en dites-vous, monsieur Dugdale ?

«Je n'ai plus de commandement», répondis-je; c'est à vous de vous arranger comme vous voudrez. Pourquoi désirez-vous me garder ici, je ne peux pas l'imaginer. Pourquoi ne pas me mettre à bord, afin que la jeune dame ait le réconfort de ma présence ?

« Elle ne veut pas de réconfort, » répondit-il grossièrement ; 'elle va bien. Le nombre de pas dont le capitaine a parlé vous arrivera peut-être à l'aube, et nous sommes tous à portée de main pour y partir.

Je n'ai fait aucune réponse.

La nuit est tombée sombre et claire, avec un bruit d'eaux ondulantes dans le vent calme et constant. La barque s'évanouit dans un fantasme, et à l'intérieur des terres tout était noir comme de l'encre, avec les étoiles qui bordaient le contour de la colline centrale clignotant là comme des phares sentinelles brûlant sur quelques lieues de montagnes géantes. Mais là où se trouvait le bateau, l'espace de gravier de corail paraissait pâle, de la teinte d'un sol ordinaire baigné par la lumière de la lune, et la silhouette du petit tissu, le nez pointé vers l'arbre auquel la corde qui l'attachait était attachée, se fondait dans l'ombre. avec la surface sombre de l'eau de la lagune, sur les minuscules ondulations de laquelle chevauchait le reflet clair des plus grandes étoiles.

Les hommes se déplaçaient par deux ou trois, mais jamais très loin. Je croyais pouvoir déceler un malaise dans leur comportement , comme s'ils avaient consenti à dormir hors du navire par obéissance uniquement aux souhaits du charpentier, et qu'ils reconsidéraient maintenant leur acquiescement avec une certaine indécision d'esprit. J'espérais sincèrement que cela ne se produirait pas, et je les regardais et les écoutais le cœur plein de misère. Le charpentier était assis avec un autre homme et conversait avec lui à voix basse, qui tremblaient à mes oreilles comme le grognement sourd d'un chien . Je m'éloignai au loin, mais je ne fus ni suivi ni appelé.

Le temps passait très lentement. Les hommes se lassèrent de se déplacer, même si pendant un certain temps la simple sensation du sol dur leur fut un plaisir, maintenant que l'air était délicieusement frais et qu'ils n'avaient plus de travail à faire et pouvaient se promener à leur guise. Ils vinrent en corps ensemble et s'assirent autour du charpentier et de son compagnon, buvant à la lumière des étoiles, avec l'éclat fréquent de l'éclairage des pipes projetant les visages adjacents, jusqu'à ce que c'était comme regarder dans une chambre obscure . Ils parlaient beaucoup, mais mon oreille attentive décelait une note somnolente se faufilant dans le bruit de grognement qui représentait leur conversation.

Il était dix heures et demie lorsque je m'approchai tranquillement du groupe d' ombres et, les regardant alors qu'elles gisaient dans toutes sortes de postures, je m'écriai : « Quel est le charpentier ?

«Le voici», répondit la voix de Lush.

« Est-ce que les hommes vont faire de cet endroit une chambre ? dis-je.

«Oui», répondit-il. 'Où d'autre? Vous n'avez sûrement pas croisé un hôtel au cours de vos promenades solitaires ?

Il prononça ces paroles sans vouloir les offenser, bien que la grossièreté du voyou fût telle qu'il ne pouvait dire que peu de choses qui ne fussent offensantes. Un ou deux gars ont ri.

«Je chercherai un logement confortable pour moi-même», dis-je. «Je n'ai aucune envie de m'allonger au milieu de toutes ces herbes hautes. Il se peut qu'il y ait des serpents dans les parages.

'Non non!' s'écria l'un des hommes ; 'il n'y a pas de serpents ici, monsieur. J'ai gardé une vigoureuse vigilance. Il n'y a alors rien à craindre .

« Vous trouverez dans l'herbe un lit moelleux », s'écria le charpentier.

«Merci», répondis-je; mais puisque je suis retenu ici contre mon gré, permettez-moi au moins de choisir mon matelas. Si vous me voulez, vous me trouverez à environ quatre-vingts pas là-bas, là où il y a du sable propre entre les buissons. J'ai indiqué un endroit un peu plus loin que la courbe du lagon.

« Cela ne nous signifie pas où vous dormez, monsieur, s'écria Lush ; Nous n'aurons pas besoin de vous avant demain matin, date à laquelle j'espère que vous vous souviendrez de la distance indiquée par le capitaine Braine. Si vous vous sentez au sec pendant la nuit, vous trouverez une bouilloire pleine de rhum et d'eau à côté de ce disjoncteur qui est debout.

«Merci», dis-je ; 'bonne nuit.'

Il y eut parmi eux une réponse somnolente de « bonne nuit ».

Le spot que j'avais choisi m'offrait une vue dégagée sur le lagon, et par conséquent sur le bateau. Il n'y avait pas d'herbe ici et les buissons étaient petits et rabougris, comme affamés par le caractère sableux du sol. Pourtant ils fournissaient une surface sombre, au milieu de laquelle je pouvais ramper à quatre pattes sans risquer d'être aperçu de la place occupée par les hommes. Je me suis assis pour attendre et regarder. Au sommet des buissons à côté de moi, je distinguais à peine les silhouettes des marins lorsque l'un ou l'autre d'entre eux se levait apparemment pour prendre un verre à la bouilloire. Après m'être assis une vingtaine de minutes, j'ai aperçu l'un d'eux se dirigeant vers le bateau. Sa forme sombre apparaissait avec une assez netteté lorsqu'il émergea de l'obscurité relative des herbes dans la lueur terne de l'étendue de l'estran corallien. Il est entré dans le bateau, puis je l'ai perdu de vue, car l'eau devant lui gisait dans une nappe d'obscurité tremblante, et sa silhouette y était absorbée. De temps en temps , j'entendais les voix des marins qui conversaient ; mais peu après onze heures, tout était silencieux parmi eux, et alors le silence indescriptible de la grande nuit océanique s'installa sur le rocher solitaire.

Il n'y avait rien dans le mouvement des buissons au vent, dans le bouillonnement sombre et délicat du lagon, dans la note plus creuse des vagues déferlant légèrement à l'arrière de l'île, pour contrarier ce vaste silence oppressant. J'ai remercié Dieu de ce qu'il n'y avait pas de lune ; pourtant, j'aurais pu prier sincèrement pour plus de vent et pour que quelques nuages obscurcissent quelque peu les petits paillettes fines de l'atmosphère par les étoiles. Je ne voyais aucune lumière sur la barque ; elle gisait dans un petit tas de faiblesse, avec ses flancs blancs et ses huniers blancs pendants, dans l'obscurité.

À ce moment-là, alors que j'avais supposé que toutes les mains qui gardaient l'homme à bord du bateau dormaient, j'ai vu une silhouette s'approcher lentement de moi. J'ai compris à sa posture, comme je l'ai vaguement discerné, qu'il regardait parmi les buissons alors qu'il avançait. Il vacilla légèrement en marchant, et ce n'est que lorsqu'il fut à moins de six mètres de moi que je m'aperçus qu'il était le charpentier. Je posai ma tête sur mon bras, relevai mes pieds et feignis d'être profondément endormi. Il est arrivé à ma hauteur, a regardé un peu, puis est revenu lentement vers les autres.

Le projet que j'avais décidé d'entreprendre était extrêmement périlleux. Pourtant, j'étais certain que ce terrible risque me fournirait ma dernière, voire ma seule chance. J'étais maintenant inébranlablement convaincu que, même si l'histoire du capitaine Braine sur l'existence de l'île était un fait, son assurance d'une grande fortune en or caché n'était qu'une fantaisie de fou . Les hommes allaient le découvrir ; ce qu'ils feraient alors, je ne pouvais pas le conjecturer ; mais la menace qu'impliquait leur anarchie, leur rage de déception, leur détermination (certaine à suivre) de trouver à tout prix leur compte dans la barque et sa cargaison, était si lourde, si lourde de péril mortel pour Miss Temple et moi-même, que J'étais résolu cette nuit-là à faire un élan prodigieux vers la liberté, laissant le reste au sort. Un jour, dans la journée, il m'était venu à l'idée de me précipiter vers le bateau et de m'enfuir, laissant les hommes sans aucun moyen de me poursuivre ; mais un peu de réflexion me montra que les risques d'une telle tentative étaient trop terriblement contre moi. Si je tenais à ma vie pour moi-même aussi bien que pour celui de la jeune fille, je ne dois pas échouer ; et pourtant l'échec semblait presque certain. Avant que j'aie pu libérer l'amarre qui fixait le bateau, m'y jeter et soulever une de ses lourdes rames pour le pousser, les hommes, qui avaient toujours travaillé à moins de cent cinquante mètres de la plage, auraient été sur moi. Ou, en supposant que j'eusse réussi à faire glisser le bateau de quelques brasses avant leur arrivée, la moitié d'entre eux auraient probablement été capables de nager plus vite que je ne pourrais ramer le tissu encombrant, tandis que ma silhouette droite aurait dû fournir une marque facile pour les pierres qui ceux qui restaient à terre m'auraient lancé dessus. Non! J'avais réfléchi à ce projet, puis je l'avais complètement rejeté, pour revenir à ma première résolution, que j'attendais maintenant du bon moment pour l'exécuter.

A midi et demi, à ma montre, que la lumière des étoiles me permettait de lire, le premier homme qui était monté dans le bateau en sortit et fut remplacé par un autre, dont je suivis de la vue la silhouette pendant qu'il traversait la plage et disparu dans la petite structure. Pendant encore une heure, j'ai continué à regarder, à attendre, à écouter avec tous mes sens tendus à leur limite la plus aiguë ; Pendant ce temps, l'île continuait à sombrer dans le calme le plus profond de cette minuit, sauf le bruit du clapotis des eaux et du léger remuement des buissons. Puis, avec quelques mots d'appel au courage et au soutien de Dieu, je me mis à ramper autour de l'endroit où dormaient les hommes, afin d'arriver à la plage à l'abri des hautes herbes qui les empêcheraient d'observer mon forme alors que je m'approchais de l'arbre auquel la ligne du bateau était attachée .

Le sol coulait en une traînée sablonneuse à travers les buissons des environs, et je me déplaçais assez agilement , rampant sans bruit, me sentant parfois prêt à éclater, à cause de la rétention presque inconsciente de ma respiration, imposée par mon appréhension d'être observé. ou entendu. Bientôt, arrivant aux arbres à la base desquels les hommes avaient creusé, je me levai, ne craignant pas d'être repéré ici, et j'atteignis très rapidement une croissance de buissons qui obscurcissaient un espace de terre au nord, entre l'endroit où reposaient les hommes et le large étendue de plage blanche où, comme les camarades l'avaient supposé, le brigantin espagnol avait débarqué. Je me mis à nouveau à genoux et sur les mains, et dans cette posture, je contournai les hautes herbes qui poussaient jusqu'à l'endroit où les grains de corail ne fournissaient pas de terreau pour une telle végétation, jusqu'à ce que j'arrive à l'arbre, tout près contre lequel je me dressais, que ma forme pourrait apparaître comme une partie du coffre. Puis, d'une main impatiente et tremblante, je lançai la ligne à la dérive, et m'enfonçant de nouveau sur mes genoux et mes mains, je rampai sur la surface sombre de la verdure jusqu'à l'endroit le plus proche de la corne nord de la lagune, où, toujours accroupi, Je suis resté un petit moment à regarder.

En quelques minutes, le bateau libéré, sentant l'action du vent, s'éloigna lentement.

A chaque instant, j'étais prêt à entendre un cri venant du rivage ou de celui qui était censé faire le quart dans le bateau. Pourtant, il devint vite évident que mes plus grands espoirs allaient être confirmés par le lourd sommeil influencé par le rhum qui avait envahi le veilleur et qui gisait en plomb sur les paupières fermées des marins fatigués sur l'herbe. Mon cœur battait fort dans mes oreilles tandis que je m'accroupissais pour regarder. À ce moment-là, le bateau avait glissé à une distance considérable du rivage et glissait vers la mer, vers le large bâillement de la lagune, au milieu des ondulations et de la brise. Puis, enlevant mon manteau et mon gilet, mes chaussures et mes petits vêtements, j'ai rampé jusqu'à la clarté claire de la plage, j'ai pataugé dans l'eau et je me suis dirigé vers la barque.

J'étais un assez bon nageur ; autrefois, cet exercice m'avait été un plaisir. L'eau était fraîche, mais pas glaciale ; Il me semblait aussi trouver en moi une certaine flottabilité, comme à cause d'un excès de saumure dans la surface sombre, à travers laquelle je poussais doucement au début, de peur de soulever une lumière de phosphorescence autour de moi. De temps en temps , je m'arrêtais, bougeant légèrement mes bras pour pouvoir me maintenir à flot, et écoutais dans une attente très angoissante. Mais tous restèrent silencieux à terre. De temps en temps, j'apercevais le bateau alors qu'il dérivait vers le large ; mais l'ombre de la nuit s'étendait épaisse sur la poitrine de la mer, et la petite structure s'y enfonçait dans un mélange qui échappait au regard.

Quand j'ai considéré que j'avais nagé assez loin pour rendre invisible depuis l'île la lueur de la mer que mes mouvements allumaient autour de moi, j'ai mis toute ma force dans mes bras et mes jambes et j'ai nagé avec une vigueur qui a rapidement commencé à se faire sentir. Le vague amas de malaise que la barque avait formé devenait définissable à mesure que ses proportions étaient volées. Le contour de la coque s'est façonné tout seul ; alors je pus voir la ligne claire des vergues et des espars dominant le ciel étoilé avec les plis vaporeux des huniers pendants. Je n'ai ressenti aucune fatigue, aucun froid ; le silence de la terre me remplissait d'un esprit d'exultation, et l'animation de cette émotion agissait sur moi comme un cordial de vertu durable. Peu à peu et sûrement je m'approchai de la barque ; la baignade n'était en réalité que courte et je n'avais pas besoin de repos, bien que j'aurais facilement pu obtenir un repos en flottant sur le dos pendant un moment.

Vingt minutes après ma première prise d'eau prudente, ma main se trouvait sur le barreau le plus bas de l'échelle de passerelle en corde qui se trouvait sur le côté.

Je m'y suis accroché un peu, pour reprendre haleine et écouter. Je n'avais vu aucune silhouette sur le navire à mon approche : mais je savais que Forrest était à bord, que le caractère très pirate du caractère du coquin le rendrait alerte et perspicace ; qu'au moment où il m'apercevrait, il devinerait un stratagème et se jetterait sur moi ; et que c'était mon affaire d'être devant lui, ou de me préparer à son premier saut, armé, comme je le connaissais, de l'arme invariable du marin, le couteau dans son fourreau.

CHAPITRE XLI
NOUS NAVIGUONS

Il ne me fallut pas longtemps pour reprendre mon souffle. En effet, la baignade avait été relativement courte ; il n'y avait aucune marée dont j'avais été sensible à quelque degré que ce soit ; et je n'avais perdu que le souffle, grâce à mon empressement, au tumulte tumultueux des esprits qui m'avaient nerveux les membres avec de l'acier et m'avaient rendu inconscient de la fatigue. J'ai grimpé sur l'échelle et j'ai regardé par-dessus la rampe. L'obscurité pesait lourdement sur la dunette et sur la ceinture, et les objets étaient difficiles à distinguer. Mais tout était immobile, là et sur le gaillard d'avant ; mais je pouvais maintenant distinguer deux silhouettes marchant sur la poupe du côté bâbord. La fessée, le mât d'artimon et les divers équipements de lucarne et de compagnon, etc., les avaient cachés à mon observation pendant que je nageais, m'approchant du navire comme je l'avais fait du côté tribord. Leurs formes apparaissaient assez clairement sur les étoiles qui scintillaient au-dessus du bastingage et entre les carrés du gréement, et je restai à regarder sans plus de moi visible par-dessus la ligne des pavois que ma tête jusqu'à ce qu'ils arrivent au bastingage qui protégeait la rupture. de la merde, et j'ai alors compris que l'une d'elles était Miss Temple.

Cela m'a convaincu que l'autre devait être Wetherly , car il ne fallait pas imaginer que la jeune fille puisse chercher refuge contre une solitude encore plus effrayante que la sienne dans la société du jeune Forrest.

À cet instant, j'entendis un long halloa sauvage venant faiblement de la brise constante venant du rivage. Ce cri fut suivi d'un autre , puis d'un autre, puis il me sembla qu'il résonnait au large de l'eau, à une certaine distance devant nous. Je m'élançai d'un bond sur le pont, et en un souffle je m'étais armé d'une goupille d'assurage en fer ; et maintenant, si cet homme était Forrest avec qui Miss Temple était, j'étais prêt pour lui ! En un instant , j'avais gagné la merde. Les cris à terre avaient arrêté les deux hommes, et ils restèrent à l'écoute. Maintenant que j'étais sur la dunette, j'ai perçu par la silhouette de l'homme qu'il s'agissait de Wetherly et je me suis précipité vers lui. La jeune fille recula en poussant un grand cri en me voyant, comme elle aurait pu le faire ; car, m'étant partiellement déshabillé, j'étais vêtu de blanc de la tête aux pieds ; De plus, j'étais trempé, ce qui moulait mes vêtements à ma silhouette et à mes membres comme si j'avais été moulé dans du plâtre de Paris, et ma soudaine apparition fut comme si je m'étais façonné dans l'air.

« Est-ce vous, Wetherly ? » J'ai pleuré.

"Grand Dieu, maman, c'est M. Dugdale !" » rugit-il.

La jeune fille poussa un autre cri, s'approcha de moi d'un bond et me jeta les bras autour du cou.

Désormais, les cris à terre étaient incessants, et les cris sauvages résonnant dans le vent étaient comme si l'île avait été soudainement envahie par une armée de cannibales frénétiques .

« Ma chérie ! » M'écriai-je, ouvrant mon cœur à cet instant où j'étais étreint et accroché par celle que j'avais longtemps aimée et que je risquais ma vie pour sauver, "c'est bien moi !" Mais libère-moi maintenant, ma fille chérie. Nous devons peser la barque immédiatement. Wetherly , où est Forrest ?

« Mort, monsieur. »

' *Mort!* ' J'ai pleuré.

« Abattu par la main de Miss Temple, monsieur », s'est-il exclamé.

La jeune fille lâcha ses bras de mon cou, essaya de parler, lutta un peu avec sa respiration et tomba contre moi dans un évanouissement mort.

« Votre manteau, Wetherly », ai-je crié ; "Enlève-le, mec, et fais un oreiller pour la tête de la dame. Rapide! Si la chaloupe descend à terre et que l'équipage y entre avant que nous puissions glisser, nous sommes tous les deux des hommes morts.

Il ôta instantanément sa veste ; et tendrement, mais rapidement, je déposai la jeune fille, libérant d'abord le col de sa robe et pas plus, car il n'y avait plus de temps pour cela.

« Saute vers la lampe de la cabine, Wetherly », m'écriai-je ; 'ne vous arrêtez pas pour poser des questions. Nous devons briser une manille et laisser la chaîne passer par-dessus bord. C'est ce qu'il faut faire maintenant.

Il s'est précipité hors de la merde, moi dans son sillage. La lampe brûlait faiblement, mais elle nous permettait de trouver ce que nous cherchions dans le coffre du charpentier : et tandis que je tenais la lampe à une manille qui était juste en avant du barillet du guindeau, il laissa avancer, et le câble passa en rugissant à travers l'écubier en fer.

«Nous devons maintenant mettre le hunier sur le bateau et souffler», m'écriai-je.

La conviction que les hommes le considéreraient comme mon complice et auraient la vie sauve s'ils montaient à bord, mettait une activité incroyable dans ses membres, qui étaient habituellement lents à bouger. Le fait d'avoir nagé jusqu'au navire a fait comprendre à son esprit de marin , sans une seule explication de ma part, comment j'avais organisé l'affaire. Nous nous sommes enfuis vers l'endroit où les lignes d'écoute du hunier étaient assurées, et nous les avons laissées partir, puis nous avons ramené main dans la main les écoutes qui, étant constituées de chaînes, traversaient très facilement les trous de réa. Ceci fait, j'accélérai aussi vite que mes pieds me le permettaient jusqu'à la dunette, et trouvant la barre au milieu du navire, j'attendais de voir comment le vent se présentait par rapport à la position du navire, tout en hurlant à pleins poumons à Wetherly pour lâcher le grand hunier lignes d'écoute et ramener les écoutes à la maison aussi loin que ses forces le lui permettent.

La légère brise soufflait sur la hanche tribord. Je montai immédiatement à tribord de la barre et, à mon infini plaisir, trouvai la barque sensible à la rotation des rayons, prouvant que, si escargot que puisse être sa progression, elle avait au moins une voie de gouverne sur elle. Cela a amené la terre sur le travers tribord. J'ai ensuite stabilisé la barre, bien sûr que l'engin se dirigerait tout seul pendant quelques minutes.

Alors que je courais vers l'avant, j'ai vu Miss Temple en train de s'asseoir droite. Je me suis précipité à ses côtés, je l'ai soulevée et je l'ai tenue pendant peut-être une minute, le visage sur mon épaule, jusqu'à ce qu'elle ait récupéré.

« Asseyez-vous sur cette lucarne, m'écriai-je, jusqu'à ce que vous vous sentiez capable de nous aider, puis venez à notre aide, car nous avons grandement besoin de vous.

Elle me comprenait, mais elle était encore trop faible et trop étourdie pour être utile. Les cris du rivage étaient incessants. Les hommes avaient entendu le câble de chaîne qui claquait à travers l'écubier, et je jugeai qu'ils criaient au navire, comme s'ils hélaient Forrest ; mais ils étaient trop éloignés pour que leurs syllabes nous parviennent. Je passai un moment haletant à balayer la mer vers l'embouchure de la lagune, et tout à coup j'aperçus le bateau comme une goutte d'encre sur l'ombre étoilée de l'eau ; mais je n'entendis aucun bruit de godille - ce qui serait la seule chance pour l'homme de parvenir à terre - et je ne pus non plus apercevoir le moindre signe de sa silhouette.

Ma tâche immédiate était maintenant de mettre le mât du hunier du mieux que nous pouvions. Il y avait un petit treuil juste derrière le grand mât. Criant mes intentions à Wetherly, je me suis penché sur la première longueur de corde que j'ai rencontrée jusqu'à la partie de mouflage des drisses de hunier et je l'ai amenée au treuil, où j'ai fait quelques tours avec. Pendant que je faisais cela, Miss Temple descendit l'échelle de merde.

"Avez-vous la force de vous accrocher à cette corde ?" Je lui ai pleuré.

«Oh, oui», répondit-elle.

Je le lui mis dans la main, lui disant de ne faire qu'exercer une légère pression dessus, afin qu'il ne glisse pas ; et en un instant, le petit treuil se mit à vibrer avec le gazouillis de ses cliquets s'élevant droit dans les airs comme un armement sans fin de mousquets vers les bras vigoureux de Wetherly et de mes bras vigoureux.

Par ce moyen, nous parvînmes à hisser le hunier, mais non, comme on le supposera , à une « chute tendue », comme disent les marins. Pourtant, les toiles présentaient une large surface au vent, et déjà la charpente agile de la petite barque , cédant à la pression estivale en altitude, glissait à peu près aussi vite que les hommes auraient pu pousser la lourde chaloupe à travers l'eau. en supposant qu'ils l'aient récupérée et qu'ils soient à sa poursuite. Tandis que par temps manœuvré avec le grand hunier drisses prêtes à hisser la vergue, je me précipitai de nouveau vers l'arrière vers la barre, pour m'assurer de la direction de la barque . Elle dérivait morte devant la petite brise, la tête orientée à peu près est-nord, et avait déjà amené l'île en virant sur la côte, couchée là dans un morceau de noirceur dans l'obscurité étoilée, avec juste la lueur du morceau. du littoral de corail du nord jetant un coup d'œil sur le crépuscule du récif en plateau. De temps en temps, j'entendais les gars crier, mais leurs voix semblaient maintenant ténues, faibles et lointaines. Les flocons d'étoiles dans l'eau noire à l'arrière tremblaient au doux passage du vent ; et les étincelles du feu marin , comme des graines dorées, brassées dans notre sillage, se mêlaient à ces délicats reflets cristallins. Avec une prière passionnée sur les lèvres pour que ce courant d'eau constant tienne, j'ai regagné le pont principal ; et tout étant prêt, Wetherly et moi avons fait tourner le treuil, Miss Temple s'accrochant comme avant, et les vergues montaient lentement jusqu'à ce que nous ne puissions plus « soulever et cliqueter ».

«Maintenant, Wetherly », ai-je crié, «sautez en l'air et détachez cette voile d'avant. Passez votre couteau dans les joints. N'attendez pas pour les jeter à la dérive.

Puis, reprenant la main de la jeune fille, que je portais à mes lèvres avant de parler, je lui demandai de m'accompagner jusqu'à la barre, afin qu'elle puisse tenir le gouvernail et maintenir la barque droite au vent.

« Nous n'avons pas le temps, m'écriai-je en me précipitant vers l'arrière avec elle, pour prononcer plus que les quelques syllabes nécessaires pour effectuer notre fuite. Nous devons entasser toutes les toiles que nous parvenons à étendre sur le navire. Nous devons nous débrouiller pour nous éloigner de cette île avant que la brise ne tombe, sinon les hommes se lanceront à leur poursuite dans la chaloupe.

Elle saisit les rayons en silence. La lampe de l'habitacle était éteinte et la carte restait plongée dans l'obscurité. Je lui ai demandé de noter une étoile qui se dressait comme un joyau à l'extrémité du bras de vergue principale tribord, et je lui ai rapidement indiqué comment déplacer la barre, si cette étoile se balançait depuis l'extrémité du longeron, de manière à amener il revient à sa place. Je sautai alors sur le gréement principal et grimpai avec l'activité de quelqu'un pour qui la perte d'une minute peut signifier la vie ou la mort, jusqu'à la hauteur de la vergue topgalant dont j'ai lâché la voile, puis je suis venu main dans la main. jusqu'au pont près du séjour. La barque n'était au mieux qu'un jouet de navire, et après les hauteurs pyramidales élevées par l'Indiaman, ses sommets et ses traverses ne semblaient qu'à un bond du pont. J'avais bordé le hunier avant que Wetherly ne lâche la misaine. Je l'ai convoqué aux drisses , et lorsque la voile a été déployée, nous avons lâché les grenats du point d'écoute avant et tiré l'écoute vers l'arrière. Ensuite, nous avons hissé la trinquette de misaine et d'autres voiles légères avant et arrière ; et afin de tirer autant de poids du vent qu'il soufflait, nous avons renforcé les vergues un peu en avant, afin que la toile avant et arrière puisse tirer. Une fois cela fait , j'ai couru vers l'arrière jusqu'au volant et je l'ai posé.

A peine la petite barque sentit-elle l'air s'éloigner de son travers qu'elle y inclina doucement ses espars avec un petit crachat d'écume au niveau de son eau courante, et en quelques minutes elle glissait comme un yacht, roulant à une bonne vitesse de six nœuds avec une eau douce comme de la glace sur laquelle voyager, aussi petite que soit la quantité de toile que nous avions décidé d'étendre. Mais je ne pouvais pas faire plus. Mes forces m'avaient fait défaut et j'étais incapable de poursuivre mes efforts. Ce n'était pas simplement la fatigue de la baignade, ni ma hâte brûlante et mes travaux insensés depuis que j'étais monté à bord de la barque ; les heures effroyables d'attente, d'anticipation, d'espoirs, de craintes et d'attente que j'avais passées sur l'île maudite depuis le coucher du soleil me pesaient maintenant lourdement.

« Tenez le volant, voulez-vous, Wetherly », dis-je. « Je suis presque épuisé. Il faut que je me repose un peu. Grâce à Dieu, nous sommes en sécurité maintenant, je crois ; et en disant cela, je tombai avec lassitude sur les grilles arrière.

Miss Temple se rendit précipitamment à la cabine, emportant avec elle la lampe avec laquelle Wetherly avait allumé les grillages de l'habitacle. Quelques minutes plus tard , elle revint avec un verre d'eau-de-vie qu'elle porta à mes lèvres. J'ai avalé le contenu avec avidité, car non seulement j'étais desséché par la soif, mais mes nerfs avaient cruellement besoin de ce stimulant. Je lui ai pris la main et je l'ai amenée à s'asseoir à mes côtés, et j'ai continué à lui caresser la main, à peine égale à ce moment-là que quelques exclamations ravies sur notre délivrance, le plaisir que j'éprouvais d'être à nouveau avec elle, la joie de croire que Je devrais maintenant pouvoir tenir ma promesse et la rendre en sécurité à sa mère. Ses réponses n'étaient que des murmures. En effet, ses propres émotions étaient bouleversantes. Je pouvais l'entendre sangloter; puis voyez-la à la lumière des étoiles en souriant ; mais elle gardait les yeux fixés sur mon visage ; trempée d'eau salée jusqu'aux os, elle s'appuya contre moi, comme si elle avait besoin de l'assurance d'un contact réel pour la convaincre que j'étais de nouveau avec elle.

Mais à ce moment-là, l'île s'était fondue dans le crépuscule scintillant du ciel. Rien n'apparaissait à part le balayage liquide de la ligne d'horizon indigo. Une autre heure de navigation comme celle-ci nous mettrait hors de toute possibilité d'atteindre la chaloupe, en supposant que les hommes la récupéraient ; car elle était sans mât ni voile ; l'effort extrême des rameurs ne pouvait guère lui faire gagner plus de trois ou trois milles et demi à l'heure ; là encore, j'avais changé le cap de la barque , et je le changerais encore tout à l'heure.

« Parlez-moi maintenant de Forrest ? m'exclamai-je, brisant un silence de fatigue et d'émotion qui durait depuis quelques minutes.

Je sentis le frisson qui parcourut ma compagne dans la poignée de sa main.

« Ai-je compris que vous lui avez tiré dessus ?

« C'est trop épouvantable pour qu'on puisse en parler », dit-elle à voix basse.

«C'était comme ça, monsieur», s'est exclamé Wetherly . « Forrest et moi étions convenus de garder une surveillance de quatre heures. Il devait rester debout de huit heures à midi. Je me suis allongé sur le gaillard d'avant , croyant la dame en sécurité en bas, là où elle se trouvait à peu près depuis que vous et les hommes avez débarqué. J'ai été réveillé par un bruit qui m'a fait penser à un coup de feu. Il était alors environ six heures, monsieur. J'ai pensé que j'allais juste marcher vers l'arrière pour voir si tout allait bien avec la dame. Aussi audacieux que je sache qu'il y avait un autre Forrest, parlant de lui comme d'un officier de garde , et capable de toute sorte d' insolence et de mutinerie et autres choses de ce genre, je n'avais aucune crainte de lui tant qu'il était laissé seul pour restez à l'affût en pensant à l'argent que lui et ses amis devaient déterrer. Eh bien, alors que j'atteignais la dunette, la dame sortit de la cabine. La lumière était faible, exactement comme vous l'aviez trouvée en montant à bord. Elle tenait un pistolet à la main, et elle me dit tout à fait froidement : « Un homme est entré tout à l'heure dans ma cabine. Je l'ai entendu essayer la poignée de ma porte, j'ai pris ce pistolet, et quand il est entré, j'ai dit : « Qui es-tu ? Que veux-tu?" il a répondu; et j'ai pointé mon pistolet sur lui et j'ai tiré. Je crois que je l'ai tué. Veux-tu aller voir ? Je pensais qu'elle marchait dans son sommeil, si silencieuse qu'elle parlait. Je suis allé dans sa cabine et j'ai vu Forrest allongé sur le pont. Je l'ai retourné et il était mort; touché au cœur, je pense. J'ai traîné son corps dans votre cabine, où il repose maintenant. La dame a alors demandé à me tenir compagnie sur la dunette ; et c'est ainsi que vous nous avez trouvés en train de marcher ensemble, monsieur.

« Brave Louise ! » Murmurai-je, ému par la prononciation de son prénom, même si c'était la première fois que je le lui donnais, aussi étroite et incessante que notre association l'avait été. Pourtant, un instant de réticence, de regret ou de pudeur suivit ma prononciation – même dans un moment comme celui-là ! – jusqu'au souvenir qui surgit en moi avec la rapidité de la pensée des yeux fiers, la froideur hautaine des yeux élevés et dédaigneux. élégante Miss Temple de la *Comtesse Ida*.

Mais ce qu'elle avait fait était une chose dont il ne fallait plus parler maintenant. Je sentais dans son silence la pitié de sa détresse, de sa honte et de son horreur : bientôt elle serait capable d'en parler ensemble, s'il était vraiment nécessaire d'y revenir.

« Vous n'avez plus peur que le bateau nous révise, maintenant, je pense, Wetherly ? » M'écriai-je.

« Seigneur, non, monsieur ; sans jamais avoir de voile à déployer non plus. Votre baignade était une entreprise audacieuse, M. Dugdale . Vous avez dû gérer le travail avec un style de premier ordre. N'y a-t-il pas eu de surveillance ?

Ses questions m'ont amené à raconter l'histoire. Miss Temple écoutait avec impatience, nos mains restant verrouillées ; à plusieurs reprises, elle éclatait en exclamation avec quelque cri d'alarme, quelque éjaculation de sympathie. « Vous m'avez traitée de brave tout à l'heure, dit-elle ; « mais comment exprimer votre comportement ?

« Pensez-vous qu'il y a une chance que les hommes récupèrent ce bateau ? » s'enquit Wetherly . « Les gars m'ont dit, quand ils sont montés à bord pour enrouler la toile, qu'il n'y avait plus rien à manger ni à boire sur l'île à part ce qu'ils avaient pris. S'ils perdent le bateau, ce sera dur pour eux, monsieur.

« Ils ne perdront pas leur bateau à moins que l'homme qui en avait la charge ne soit couché ivre mort dans ses fesses : une improbabilité ; car je l'ai vu marcher vers elle d'un pas ferme. Ma seule chance résidait dans son sommeil. Rassurez-vous : il a été réveillé il y a longtemps par les cris des hommes, et à ce moment-là, le bateau repose confortablement sur la plage du lagon. Mais pourquoi devriez-vous avoir des sentiments pour les brutes ? Ils vous auraient tranché la gorge s'ils avaient réussi à monter à bord. Ce qui s'est passé pendant que vous dormiez devrait être pour vous une indication suffisante du caractère des voyous, un assez bon indicateur du genre de traitement auquel nous aurions pu nous attendre de leur part plus tard, de l'or ou pas d'or.

'M. Dugdale , répondit-il, tout ce que je peux dire, c'est que je remercie le Seigneur d'être là où je suis. Je serai désespérément heureux, je le serai, quand ce voyage ici sera terminé. Je voudrais seulement trouver le moyen d'en tirer suffisamment pour m'installer à terre, car cela a été un travail qui m'a proprement rendu malade de la mer, et donc cela ne me dérange pas de vous le dire , monsieur.

« Il y aura un sauvetage de ce vaisseau, dis-je ; « Vous pouvez avoir ma part, et je suis sûr que Miss Temple vous donnera la sienne.

« Oh, certainement », s'est-elle exclamée.

« Alors il y aura votre propre part, continuai-je. « Nous devons d'abord transporter le navire en toute sécurité jusqu'à un port. Si nous ne parvenons pas à nous donner la main au fur et à mesure, nous devrons nous débrouiller tous les trois du mieux que nous pouvons. Je ne doute pas que nous y parviendrons ; et alors vous vous dirigerez facilement vers quelques centaines.

Je l'ai vu sourire largement à la lumière mêlée de l'habitacle et de l'éclat des étoiles. Il convenait de le remplir d'espoir et de présenter à sa compréhension limitée quelque chose de précis sur lequel travailler . Il n'y avait rien dans son comportement qui m'obligeait beaucoup à lui. Il avait choisi un terrain neutre dans cette affaire, avec un léger penchant pour le côté le plus sûr : et bien qu'il ait osé faire plusieurs promesses, je ne l'avais jamais secrètement considéré comme un homme qui se révélerait héroïquement utile à la rigueur. Cependant, il était désormais absolument essentiel à notre sécurité, et il était politique que je paraisse reconnaissant ; même si, bien sûr, il y avait toujours un instinct de conservation pour le maintenir droit ; je veux dire par là qu'il était aussi désireux que moi de terminer cette extraordinaire promenade.

Il me posa plusieurs questions sur l'or et parla comme s'il croyait que les hommes pourraient encore le trouver ; mais mes réponses semblèrent le convaincre au bout d'un moment, et je le vis hocher la tête en s'écriant : « C'était au pied d'un bosquet d'arbres, je sais ; Je me souviens clairement du fil tel que Wilkins l'a donné, et sa mémoire n'a pas pu se tromper, car il est arrivé tout juste avec le fil depuis la cabine. S'ils ont creusé les racines de tous les arbres qui bordent la plage, comme vous dites, monsieur, et que l'argent n'est pas là, alors bonne nuit ! C'est l'hallucination que j'ai toujours dit ; et pour ma part, donnez-moi deux livres de récupération honnête avant deux cent mille livres de rêves fous .

La brise semblait se rafraîchir à mesure que nous nous éloignions. La barque s'inclinait maintenant joliment, projetant l'eau en une boucle blanche de mer au large de sa proue météorologique, et son sillage s'enfonçait loin dans l'obscurité liquide à l'arrière, dans laquelle je jetais encore et encore un regard, gouverné pourtant par une agitation d'esprits. et une animation d'alarme que mon jugement jugeait ridicule. Je ne peux pas exprimer le caractère caressant des manières de Miss Temple alors qu'elle restait assise près de moi. L'étonnement, le ravissement, les sensations et les émotions follement contradictoires qui l'avaient possédée cédaient maintenant la place à un sentiment de bonheur, d'espoir triomphant, qui mettait dans ses paroles une note indescriptible de tendre exaltation et de douceur reconnaissante et joyeuse. Si je ne me demandais pas encore si elle m'aimait, j'aurais la certitude que mon retour vers elle, que ma présence la remplissaient d'émotions qui se rapprochaient de beaucoup de la passion de l'amour.

Mais j'étais complètement mouillé; et maintenant que nous étions en sécurité, que le navire glissait avec rapidité dans l'ombre claire de la nuit et que ma camarade Louise se sentait tranquille dans la pleine réalisation de notre délivrance soudaine et complète, je pouvais trouver le loisir de me sentir un peu froid. Alors, lui laissant la promesse que je reviendrais sous peu, et disant à Wetherly de maintenir la barque stable pendant qu'elle partait, je ramassai la lampe de la cabine, qui brûlait encore faiblement sur le pont, et descendis les marches du compagnon. Je m'arrêtai pour regarder autour de moi l'intérieur familier dans lequel Miss Temple et moi avions passé tant d'heures de détresse et de misère avec une exclamation de gratitude envers Dieu pour sa miséricordieuse préservation de nous, puis je me rendis dans ma cabine pour m'habituer dans un tel intérieur. des vêtements secs comme je pourrais en trouver dans le casier du capitaine Braine. J'ai ouvert la porte, mais j'ai reculé avec un cri involontaire. J'avais oublié Forrest ! et là gisait le cadavre de l'homme juste devant moi. Deux fois déjà, ce petit carré de tapis avait été taché de sang humain. J'ai été horriblement choqué par le spectacle du cadavre ; mais il fallait que je changeais de vêtements, et je dus subir la torture d'être observé par ces yeux horribles et mi-clos, auxquels vingt expressions de vie étaient communiquées par le mouvement de la faible flamme de la lanterne pendant que je cherchais. car je me suis habillé de vêtements secs. Cela fait, j'ai allumé une flamme plus brillante, puis j'ai dirigé la lumière vers le visage mort, afin d'être sûr que le méchant n'avait pas de vie en lui. Aucun corps gibet qui se balançait enchaîné depuis un mois ne pouvait être plus mort. Je suis entré dans la cuddy, j'ai raccroché la lampe et je suis allé sur le pont.

« Miss Temple, m'exclamai-je, pourriez-vous avoir la gentillesse de tenir le volant pendant quelques minutes ? »

Elle se leva et saisit les rayons. Wetherly me comprit et me suivit en bas en silence.

« Il faut jeter le corps par-dessus bord, dis-je ; "Il ne peut y avoir aucune chance pour le navire avec un tel objet dans son fret, et il faut aider Miss Temple à oublier l'horreur de la nuit qui se passe."

Entre nous , nous avons ramassé le cadavre, l'avons transporté très rapidement par l'écoutille secondaire, nous avons avancé avec lui là où l'obscurité était lourde et l'avons laissé tomber par-dessus les pavois.

"C'est ainsi qu'ils vous auraient servi, monsieur", a déclaré Wetherly .

«Et toi», dis-je.

"Oui, mon Dieu, je le sais!" » répondit-il d'une voix agitée.

Nous sommes retournés au volant, que Wetherly avait pris à Miss Temple, qui s'était assise avec moi juste derrière, sur les grilles, et là nous avons tenu conseil. Notre tâche doit être d'arriver à un port le plus rapidement possible. Devons-nous nous diriger vers les îles du Bas Archipel, en direction du nord-ouest, avec la chance de rencontrer un navire croisant parmi elles qui nous prêterait deux ou trois hommes pour nous aider à naviguer dans la barque , ou bien devons-nous naviguer en bateau ? route vers l'est pour Valparaiso, distante d'environ deux mille six cents milles ?

Notre résolution fut rapidement prise . Les îles pourraient ne nous apporter aucune aide ; il y avait aussi le risque de s'échouer sur les cent écueils de cette navigation alors peu connue ; La plupart des indigènes des groupes étaient des mangeurs d'hommes, et nous ne nous étions certainement pas délivrés des périls que nous courions en nous associant de force au charpentier et à son équipe simplement pour terminer sans gloire nos aventures en servant à apaiser l'appétit d'une petite population de les noirs.

Non; ce doit être Valparaiso. Nous y trouverions une ville avec toutes les espèces de commodités : un consul pour nous conseiller et nous assister ; des magasins où Miss Temple pouvait faire tous les achats nécessaires ; un choix de grands navires pour le retour à la maison. L'océan que nous traversions était le Pacifique, et la période de l'année était l'été ; rien ne nous alarmait alors grandement en envisageant la possibilité de devoir conduire la barque jusqu'à la côte sud-américaine sans plus d'aide que celle que nous pouvions fournir tous les trois. Il serait nécessaire de maintenir le navire sous une toile facile, afin que nous puissions toujours être à la hauteur de l'occasion d'un changement soudain de temps, et cela, bien sûr, prolongerait la course. Mais quelques semaines plus ou moins du vieil océan ne seraient plus rien pour nous maintenant que nous étions maîtres de notre vie et de notre liberté, maintenant que nous savions que chaque jour nous rapprochait de notre lointain foyer, que toutes les horreurs avec lesquelles notre avenir n'était que quelques heures auparavant que la foule avait disparu. Tandis que nous causions, discutant avec exultation de notre évasion, organisant les gardes, planifiant la cuisson des aliments et concertant vingt autres mesures du même genre, le jour se leva ; les étoiles s'éteignirent à l'est ; le vert pâle de l'aube s'élevait comme une fumée délicate dans l'ombre du zénith ; la lumière s'élargit rapidement et le soleil s'envola dans un jour étincelant de ciel sans nuages et d'océan bleu foncé ridé par la brise. Avec un télescope à la main, j'ai sauté sur la grille et j'ai lentement fait le tour de la ligne de mer avec les lentilles. L'eau débordait jusqu'au ciel de tous côtés.

« Nous sommes seuls », dis-je en descendant de cheval et en prenant Miss Temple par la main pendant que je la regardais avec tendresse. « Quand nous étions sur l'épave, c'était notre malheur de parcourir l'océan du regard et de nous retrouver seuls ; et maintenant, même si nous sommes toujours en mer, la solitude est délicieuse, car elle est une évasion, une liberté, la promesse d'un chez-soi.

Ses yeux se remplirent de larmes.

CHAPITRE XLII
CONCLUSION

Je t'ai gardé longtemps en mer. Avec mon évasion dans la barque de l'île du capitaine Braine en compagnie de ma camarade de bord Louise, le récit de mon aventure – le récit, en fait, du romantisme de l'épave – se termine pratiquement. Pourtant, vous souhaiterez voir Miss Temple rentrer chez elle en toute sécurité ; vous désirerez savoir si je l'ai épousée ou non ; vous voudrez également entendre les dernières nouvelles des habitants de la *comtesse Ida* , connaître le sort de l' honorable M. Colledge , de l'équipage du coupeur *de la Magicienne* , ainsi que du charpentier Lush et de ses joyeux chasseurs d'or. Tout peut être dit dans les brèves limites d'un chapitre.

Pour cinq jours Wetherly , Miss Temple et moi-même avons navigué sur la barque sans aide. Nous y parvenâmes ainsi : la jeune fille prit à son tour la direction du navire, et après quelques essais, elle gouverna avec l'adresse d'une main exercée. Je peux la voir maintenant alors qu'elle se tient au volant : sa belle silhouette se détache nettement sur le doux bleu du Pacifique au-dessus de la poupe ; ses yeux sombres et brillants penchés sur la boussole, ou levant dans la beauté de l'ombre de leurs cils la toile blanche ; ses mains d'une délicatesse d'ivoire saisissant les rayons, et toujours un sourire de douceur, de joie et d'espoir pour moi lorsque nos regards se croisaient. Quand on pense à la hautaine et aristocratique Miss Louise Temple réduite à cela ! Mais elle a fait bien plus que cela : elle nous a aidés à tirer et à transporter ; elle cuisinait pour nous, elle surveillait, parcourant le pont exposé pendant que Wetherly dirigeait et que je me reposais. Aucune plainte n'est jamais sortie de ses lèvres ; elle était douce et heureuse dans tout ce qu'elle faisait. La mer l'avait traitée dans un but précis ; et elle était maintenant aussi douce, tendre, docile, qu'elle l'était auparavant, volontaire, insolente et répréhensible en tout sauf sa beauté.

La lutte, en effet, aurait été désespérée pour nous sans le temps. La brise légère mais constante qui nous avait éloignés de l'île a continué avec un déplacement de trois points seulement au cours de ces cinq jours, et une légère augmentation une nuit, de sorte que nous n'avons jamais eu besoin de lever une écoute ou de lâcher une drisse ; nous n'avions rien d'autre à faire avec le matériel que de desserrer les croisillons.

C'est dans l'après-midi du cinquième jour que nous rencontrâmes un brick de guerre péruvien. Elle a reculé son hunier et a envoyé un bateau. Le jeune officier qui commandait parlait français très couramment, et Miss Temple et moi avons pu lui faire comprendre notre histoire. Il retourna à son navire pour rapporter ce que j'avais dit, et revint bientôt avec deux marins irlandais, aux services desquels nous étions, dit-il, très bienvenus pour nous aider à transporter la barque à Valparaiso. Je considérais cela comme un coup de fortune extraordinaire, car dans un équipage aussi restreint que celui que nous formions encore, il était de la plus haute importance que tous les ordres donnés soient parfaitement et instantanément intelligibles. Le brick péruvien était en route pour une croisière parmi les îles, et je suppliai instamment l'officier de prier son commandant de se diriger d'abord vers le récif sur lequel j'avais laissé Lush et ses hommes, afin qu'ils puissent être emmenés, s'ils l'avaient fait. pas récupéré leur bateau.

Jusqu'à présent, nous avions tous trois, d'une manière ou d'une autre, si bien réussi, que l'acquisition des deux marins irlandais m'a donné le sentiment d'être à la tête d'un équipage de navire très tolérable . Miss Temple et moi pouvions maintenant profiter de quelques petits loisirs en dehors d'une routine qui nous harcelait avec ses vexations et ses demandes incessantes de vigilance. Nuit après nuit, nous tombions sur nous en beauté ; le vent chaud soufflait humide de rosée ; le reflet des étoiles riches et tremblantes frémissait en cônes d'une lueur glaciale au milieu des ondulations de la mer balayée par la brise ; la boucle de la nouvelle lune brillait à l'ouest dans le sillage du soleil rougeoyant pour se lever la nuit plus pleine et plus brillante encore, jusqu'à ce que pendant un certain temps la barque navigue à travers une atmosphère qui regorgeait de la gloire verdâtre de la planète sans nuages. Il n'y avait guère, en effet, d'état de ce tendre passage tropique vers Valparaiso qui ne fût favorable au sentiment. Pourtant, ma fierté m'obligeait à m'assurer, avant de dire mon amour, des sentiments de la jeune fille à mon égard. Je la regardais d'un œil passionné ; J'écoutais chaque mot qui sortait de ses lèvres avec une oreille désireuse de pénétrer l'esprit de ce qu'elle voulait dire ; un sourire qui semblait le moins du monde ambigu me ferait réfléchir pendant toute une montre ensemble. Ensuite, je demanderais si je pouvais, sur l'honneur, lui demander d'être ma femme jusqu'à ce que ma protection et mes soins envers elle aient cessé, et qu'elle se tienne à mes côtés dans la position qu'elle avait occupée lors de notre première rencontre à bord de l'Indiaman. Mais à cette très fine question de conscience, je répondrais en considérant que si je ne la lui posais pas maintenant, je devrais rester dans un état de suspense et d'anxiété distrayant pendant de nombreuses semaines, voire des mois, c'est-à-dire : jusqu'à ce que nous soyons rentrés à la maison ; qu'elle pourrait mal interpréter ma réserve et l'attribuer à l'indifférence ; que lui faire comprendre pourquoi je ne parlais pas impliquerait une déclaration que mon honneur était censé considérer comme répréhensible.

Mais toutes ces discussions signifiaient simplement que j'attendais d'être sûr de sa réponse avant de m'adresser à elle. En un quart d'heure, une belle nuit, avec une haute lune chevauchant la vergue du hunier et la brise apportant un son elfique de chant délicat, hors du gréement, c'était réglé ! Un regard d'elle, un moment de silence, portèrent mon amour à mes lèvres, et, debout, sa main dans la mienne, à l'ombre d'une aile de voile courbée devant le gréement principal, avec la voix de ruisseau des eaux courantes qui montent. , je lui ai demandé d'être ma femme.

Il y avait une hésitation sans réticence, une sorte de doute et de joie mêlés. J'avais gagné son cœur; et sa main doit suivre ; mais sa mère, sa très chère mère ! Son consentement doit être obtenu ; et d'après ce qu'elle disait en phrases décousues, avec un souci sérieux de ne rien dire qui pourrait me faire souffrir, avec une voix qui tremblait d'émotions de gratitude et d'affection, j'ai compris que les projets matrimoniaux de Lady Temple pour sa fille s'élevaient très considérablement au-dessus du degré de roturier.

"Mais Louise, j'ai ton amour ?"

'Oui oui oui! mon amour, ma gratitude et mon admiration.

« Et tu n'as besoin que du consentement de ta mère pour m'épouser ?

— Oui, et elle consentira. Cette longue association, cette étonnante aventure...

"Oui, mais il n'y a aucune obligation de mariage là *-dedans* ." J'ai ton amour, et ta mère consentira parce que tu m'aimes ?

Elle a fixé ses yeux sur mon visage, et à la brume du clair de lune flottant sur les planches blanches comme du sable dans l'ombre dans laquelle nous nous trouvions, j'y ai vu une telle signification que la seule suite de mon interprétation a dû être de mettre mes lèvres à la sienne.

« Mon premier baiser, Louise ! Mon Dieu! comme je rêvais peu de ce bonheur quand je te regardais et te haïssais presque à bord de la *Comtesse Ida* !

Mais ça suffit. Tout cela s'est passé il y a tellement d'années maintenant, que je suis étonné par ma mémoire qui me permet de noter ne serait-ce qu'une grande partie de ce petit passage de mes expériences avec Louise tel que je l'ai écrit.

Après des jours de temps délicieux et de vents favorables, nous avons jeté l'ancre à Valparaiso. J'ai immédiatement rendu visite au consul britannique, raconté mon histoire, livré le navire et été traité par lui avec la plus grande courtoisie, considération et hospitalité. Un grand navire anglais faisait route vers Liverpool huit jours après la date de notre arrivée. Je l'inspectai et pris promptement une couchette pour moi et Miss Temple ; et le reste du temps nous passâmes à nous procurer l'équipement nécessaire pour un autre long voyage. Le consul m'informa que la déposition que j'avais faite au sujet de *Lady Blanche* suffirait pour les manœuvres légales qui devraient s'ensuivre, et que j'étais libre de mettre à la voile quand bon me semblerait. Je lui ai donné le pouvoir de remettre tout argent de sauvetage qui pourrait me parvenir à

Wetherly, à qui j'ai également demandé de me rendre visite lorsqu'il arriverait en Angleterre, afin que je puisse le récompenser convenablement pour l'exercice très honnête de ses fonctions depuis le moment de son arrivée en Angleterre. notre départ de l'île en barque.

Je ne prétendrai pas que notre retour à la maison s'est déroulé sans incident. De là pourrait facilement découler un autre récit considérable ; mais ici, je ne peux qu'y jeter un coup d'œil. Le *navire* s'appelait Greyhound. C'était un grand navire noir, construit en bois résineux, de naissance américaine, avec une figure de proue blanche, de fines lignes de bordage, trois hauts mâts de voile aérienne et une proue presque perpendiculaire, et il avait, pour utiliser l'ancien terme, le qualités de navigation d'une sorcière. Elle était accompagnée d'un certain nombre de passagers, espagnols et anglais, qui, grâce, je suppose, aux ragots du consul britannique, de sa femme et de sa famille, étaient parfaitement au courant de chaque article de notre histoire et, en conséquence, ont fait un très bon rapport. beaucoup d'entre nous, de Miss Temple en particulier. Mais quel grand changement avait été opéré dans son caractère ! Fini les airs hautains, les regards hautains, les regards glaçants de surprise méprisante. Sa douceur et sa cordialité en faisaient une favorite aussi complète qu'elle l' avait été auparavant, détestée et redoutée par ses compagnons de voyage de l'Indiaman.

Il lui fallut cependant beaucoup de temps pour revenir sans détresse exquise vers l'homme Forrest qu'elle avait abattu. Mais je ne me lassais jamais de lui présenter l'affaire sous son juste jour ; et enfin elle me laissa persuader que ce qu'elle avait fait, c'était son devoir de le faire, que toute loi de Dieu et de l'homme était derrière un tel acte pour le justifier et même le consacrer, et que bien loin de souffrir le souvenir la rendait malheureuse, elle devait s'honorer fièrement de l'instant de sang-froid, de courage et de présence d'esprit qu'elle avait montré à la vue du coquin. Pourtant, c'était inévitablement un souvenir qui persistait sombrement avec elle pendant un certain temps.

Notre présence sans cesse ensemble depuis l'heure de notre navigation jusqu'à celle de notre arrivée renforça son amour pour moi, et sa passion devint un sentiment pur et sans affectation. C'est ce que je n'aurais jamais pu jurer lorsque je lui ai dit mon amour dans le Pacifique. J'étais sûr qu'elle m'aimait, qu'elle avait même pour moi une affection chaleureuse, inspirée par la gratitude et l'estime pour tout ce qu'elle pouvait comprendre de mon caractère à son égard. Mais je ne pouvais pas me convaincre qu'elle m'aimait, ou que, sous réserve de l'approbation de sa mère, elle aurait consenti à m'épouser, sans nos expériences extraordinaires, qui nous avaient liés dans une intimité que la plupart des gens pourraient considérer comme le mariage, devait confirmer. pour elle sinon pour le mien.

Mais si telle avait jamais été son humeur — elle ne l'avouerait jamais — elle mûrissait pendant ce voyage en un amour que le cœur le plus misérablement sensible ne pouvait se méprendre. Et maintenant il restait à savoir quel accueil m'accorderait Lady Temple. Elle serait toute reconnaissante, bien sûr ; elle serait transportée avec la vue et la sécurité de sa fille ; mais l'ambition pourrait à présent dominer toute effusion de gratitude, et elle ne verrait absolument aucune obligation particulière de la part de sa fille de se marier simplement parce que nous avions été camarades de bord dans une série d'aventures incroyables.

Mais toutes les conjectures furent brusquement interrompues à notre arrivée par la nouvelle de la mort de Lady Temple. Un coup de paralysie l'avait emportée. L'attaque était imputable au fait qu'elle s'inquiétait pour sa fille, dont elle avait reçu la nouvelle de l'abandon sur le naufrage de non moins d'une personne que l' honorable M. Colledge . Permettez-moi de décrire brièvement comment cela s'est produit.

Lorsque le cotre contenant M. Colledge et les hommes de la *Magicienne* eut perdu de vue l'épave dans la vapeur soudaine qui s'était formée dessus, les camarades, ayant perdu leur lieutenant et n'ayant plus de tête, s'empressèrent d'accepter de s'éloigner net avant le vent dans la direction de l'Indiaman, ne doutant pas qu'il serait en planque et qu'ils devaient se rapprocher suffisamment de sa position pour découvrir son immense métier au milieu du brouillard. Ils l'ont manqué, puis, ne sachant que faire d'autre, ils ont attaché leurs rames en un paquet et se sont dirigés vers lui. Le coucher du soleil était dur lorsqu'une grande ombre surgit du brouillard à proximité d'eux. C'était la corvette sous huniers ris. Le coupeur était sur le point d' être abattu . Son équipage rugissait du haut de ses flûtes, et on les entendait ; mais quelques instants après, la *Magicienne* avait fondu de nouveau sur l'épaisseur volante. Le bateau, cependant, avait été vu et ses relèvements pris avec précision ; et vingt minutes plus tard, la corvette revint en courant vers l'endroit où se trouvait le cotre. Des dizaines d'yeux regardaient la tête et les pavois du navire de guerre avec une vigie assoiffée et perçante. Le bout d'une ligne fut jeté, le bateau traîné à côté, et en quelques minutes tous étaient en sécurité à bord. Colledge raconta l'histoire de l'aventure à son cousin : comment le lieutenant était tombé par-dessus bord et s'était noyé , comme il le croyait ; comment Miss Temple et moi avons été laissés sur l'épave, et y étions pourtant. Mais l'obscurité d'une nuit dense et brumeuse recouvrait maintenant la mer ; il soufflait aussi fort, et rien ne pouvait être fait avant que le temps ne s'éclaircisse et que le jour ne se lève.

Que rien n'a été fait , vous savez. Quand l'horizon était pénétrable, des yeux perçants étaient dirigés vers les têtes de mât ; mais que ce soit que l'épave légère ait dérivé dans une certaine mesure hors des calculs de Sir Edward Panton, ou que sa propre dérive pendant les longues heures noires et venteuses l'ait induit en erreur, aucun signe de nous n'a récompensé ses recherches. Pendant deux jours, il resta vaillamment dans ces eaux, puis abandonna la chasse comme étant désespérée et poursuivit son voyage vers l'Angleterre.

M. Colledge a immédiatement pensé qu'il était de son devoir d'écrire ce qu'il pouvait dire du sort de Miss Temple au frère de Lady Temple, le général Ashmole . Le Général était un peu pressé de communiquer avec la pauvre Lady Temple. Son activité de porteur de mauvaises nouvelles aurait peut-être trouvé une animation supplémentaire dans le fait de savoir que si Miss Temple était morte, alors le prochain parent à qui Madame devait léguer l'essentiel de ses biens serait le général et ses quatre charmantes filles. . Quoi qu'il en soit, la nouvelle s'est avérée fatale à Lady Temple. L'incertitude quant au sort de sa fille, le doute quant à la possibilité qu'elle ait été sauvée du naufrage, la crainte qu'elle ait connu une mort lente, misérable et des plus terribles, s'appuyant sur des restes de santé aussi médiocres que la paralysie et une longue période d' immobilité. l'accouchement l'avait quittée ; et sa femme de chambre, un matin, en entrant dans sa chambre, la trouva morte dans son lit.

Le choc fut terrible pour Louise. Elle m'avait répété à maintes reprises que si la nouvelle de sa disparition hors de l'Indiaman parvenait à sa mère avant son arrivée à la maison, cela la tuerait. Et voilà qu'elle trouvait sa prédiction vérifiée ! J'étais très peiné à cause de la jeune fille ; mais ce n'était pas une chose que je prenais très au sérieux. En effet, il ne fallut pas longtemps avant que j'apprenne que milady avait été une femme extrêmement ambitieuse, avec les plus hautes notions possibles de sa propre importance et d'une condescendance insupportable dans ses manières ; et j'étais assuré que si elle avait vécu, j'aurais trouvé en elle un obstacle formidable, peut-être inébranlable, à mon mariage. Mais si elle avait été la plus aimable des femmes, le coup de sa mort aurait dû être considérablement adouci dans mon esprit en comprenant qu'elle faisait de Louise la maîtresse absolue d'un manoir et d'un grand terrain et d'un revenu net de trois mille cinq cents par an. C'était très bien, et cela valait bien le naufrage et l'enlèvement.

Mais si la mort de Madame m'a ouvert la route dans un sens, elle me l'a temporairement bloquée dans un autre en nous imposant des délais. Louise ne doit pas se marier avant un an. Non ; il était hors de question que ce soit moins d'un an. Ce serait une insulte à la mémoire d'un parent adoré que de penser au bonheur avant l'âge de douze mois. Je me résignai en silence à l'affliction de l'attente, laissant au temps le soin de bouleverser sa résolution. Elle avait de nombreux parents et elle allait de maison en maison ; mais je n'étais jamais bien loin. Je l'aimais trop tendrement pour la perdre. Je l'avais conquise, et j'avais l'intention d'avoir et de détenir le titre suprême qui m'était venu du vieil océan . Non pas que je doutais de son propre dévouement ;

J'avais peur de ses proches. Certains d'entre eux portaient des titres de personnes ; ils étaient tous des observateurs sociaux des étoiles, avec leurs yeux intellectuels fixés sur des objets qui brillaient plus magnifiquement qu'eux et plus haut dans l'atmosphère de la vie ; et il y en avait une telle armée sous une forme ou une autre, de tels bataillons d'oncles et de tantes, de cousins et de relations s'étalant comme des vrilles de plantes grimpantes, que je craignais leur influence si je ne prenais soin de rester à proximité. garde le cœur de ma Louise contre tout relâchement de sentiment.

En effet, j'étais inquiet jusqu'à ce que je l'emmène chez ma mère, et je pourrais remplir un volume en décrivant les manœuvres auxquelles j'ai été contraint d'accomplir une affaire si simple contre les artifices et les stratagèmes de ses relations supérieures. Il y avait déjà un jeune homme qui mourait d'amour pour elle. Il était le fils aîné d'un baronnet, et sa mère était une des vieilles misérables les plus intrigantes qui aient jamais troublé les désirs ou confondu les plaisirs respectables de ses semblables. J'ai dû livrer seul le combat de mon amour contre ce jeune homme qui se mourait de passion et contre ma dame sa mère, tous deux soutenus par une grande partie des parents de Louise ; et je dis que je n'ai pas eu une heure de tranquillité d'esprit avant de l'avoir sous le toit de ma mère.

À ce moment-là, son chagrin s'était apaisé ; le souvenir de ses souffrances passées lui venait légèrement à l'esprit. Nous étions à nouveau ensemble, comme lorsque nous étions en mer. Elle apprit bientôt à aimer ma douce vieille mère et fut si heureuse qu'au bout d' un moment ses parents cessèrent, désespérés, d'essayer de la ramener vers eux. Il s'était alors écoulé à peine plus de six mois depuis notre retour et, par conséquent, depuis qu'elle avait reçu la nouvelle de la mort de sa mère. Mais notre étroite association constante du matin au soir, presque aussi seuls que jamais nous l'avions été sur le naufrage, avec de délicieuses promenades, de délicieuses promenades main dans la main, finissait par me rendre très impatient, et l'impatience est grande. généralement importun. Je me pressai, et un jour elle consentit à ce que nous nous mariions au bout de quinze jours.

C'était un mariage beaucoup trop simple pour une héroïne telle que nos aventures l'avaient fait de Louise, mais c'était son propre choix. Quelques amis intimes de ma propre famille, deux de ses cousins pauvres mais extrêmement distingués et bien élevés, le vicaire qui nous avait donné la main et sa charmante et agréable épouse, voilà qui formaient la société. J'ai envoyé une invitation à M. Colledge , contre l'inclination de Louise, qui l'associait à tous nos malheurs, même si pour ma part j'aurais pu le serrer contre mon cœur le jour de mon mariage comme promoteur involontaire de tout mon bonheur. Il n'a ni écrit ni présenté; mais cela fut expliqué plus tard par une lettre datée de Palestine, pays dans lequel il voyageait alors, ayant décidé de confier le moins possible sa fortune et lui-même à l'océan dans sa

détermination à voir le monde. C'était une lettre stupide et aimable, pleine de bons vœux et de salutations les plus amicales, avec beaucoup de divagations en référence au naufrage et à sa propre évasion. J'ai remarqué qu'il n'avait pas mentionné le nom de Miss Fanny Crawley.
bonne volonté et de sympathie locale était visible dans la décoration de l'église. Jamais homme ne s'est tenu devant l'autel plus fier de la fille de son cœur que moi avec Louise à mes côtés. Belle qu'elle m'avait toujours montrée dès le premier instant de mon regard posé sur elle à bord de l'Indiaman, mais jamais plus belle aux yeux de ma passion que ce jour-là. La douceur qui lui était venue de la souffrance était dans chaque sourire et dans chaque regard. «Nous avons commencé un autre voyage maintenant», murmurai-je alors que nous sortions de l'église.
« Il ne doit y avoir aucune épave dedans », répondit-elle.

Et pendant des années, je remercie Dieu, nous avons passé tout l'été à naviguer avec nous ; mais je suis vieux maintenant et seul.

A cette époque, le voyage aller-retour vers l'Inde durait en moyenne douze mois, et je ne pus obtenir des nouvelles de la *comtesse Ida* qu'au mois d'août qui avait suivi le mois de juin de notre arrivée à Liverpool en *Greyhound*. J'étais à Londres lorsque j'ai appris que l'Indiaman avait été signalé à Deal. Au cours de quelques jours, j'envoyai une note au vieux Keeling, adressée aux Docks des Indes orientales, lui demandant de venir dîner avec moi, afin que je puisse lui raconter mes aventures et savoir quels efforts il avait fait pour nous récupérer. de l'épave. Il arrivait en pleine figue de rivage, avec son vieux look familier en brochette, dans le long manteau bien boutonné, et la haute cravate et les cols raides, dans lesquels son visage rougi par le soleil reposait comme une boule dans une tasse.

Il était profondément heureux de me voir et a continué à me serrer la main jusqu'à ce que mon bras me fasse à nouveau mal. De mon histoire , il ne savait rien ; pour la première fois, il l'entendait de mes lèvres. Il écoutait avec une attention aiguë, avec un visage où l'expression chassait l'expression ; et quand j'eus fini, il reprit ma main et la serra longuement et avec véhémence, tandis qu'il me complimentait sur mon succès dans la navigation de *Lady Blanche* jusqu'à l'île, et sur le jugement dont j'avais fait preuve en planifiant et en effectuant mon évasion de M. Lush et son équipe.

Il n'avait pas grand-chose à me dire, mais c'était très intéressant. Il avait été emporté par le vent hors du voisinage de l'épave ; et bien que, lorsque le temps s'éclaircit, il ait lofé jusqu'à l'endroit où il croyait qu'elle se trouvait, il ne pouvait rien voir d'elle. M. Prance regardait la coque à travers sa lorgnette lorsque l'étouffoir s'est précipité sur elle et a vu le cotre repartir ; et il croyait que Miss Temple et moi étions en elle. Il n'eut pas le temps de s'en assurer, car la vapeur fit rapidement disparaître le bateau de sa vue. Mais sa conviction était – et Keeling s'avouait influencé par cette conviction – que s'ils tombaient dans l'épave, ils ne nous trouveraient pas à bord. La pauvre vieille Mme Radcliffe est presque devenue folle de chagrin et de détresse ; et pour satisfaire son esprit, il parcourut la situation supposée de la coque jusqu'à la tombée de la nuit ; puis, convaincu que nous avions soit péri dans le chavirement du cotre, soit été récupérés par la corvette, il régla les voiles pour sa route et poursuivit sa route.

Le désastre qui nous était arrivé, dit-il, avait jeté une lourde tristesse sur le navire, et il était aggravé par la grave maladie de Mme Radcliffe, due à la misère poignante que lui causait la perte de sa nièce. Hemmeridge fut supplié de lui prescrire, mais il refusa d'un air maussade, espérant que sa maladie pourrait être épidémique, que d'autres pourraient souffrir qu'elle, et ne pouvait respirer que des menaces d'avoir la loi de Keeling à l'arrivée du navire à Bombay. Cependant, au moment où le navire atteignit le cap, Mme Radcliffe s'était rétablie ; et quand Keeling l'a vue pour la dernière fois, elle semblait aussi pleine d'espoir qu'avant, désespérée que sa nièce soit enfin retrouvée .

A la hauteur du Cap également, l'esprit des passagers s'était suffisamment allégé pour permettre à quelques ébats amoureux de se dérouler allègrement entre eux.

« À environ vingt degrés de latitude sud, » dit le vieux Keeling de sa voix sèche, « le jeune M. Fairthorne , l'homme qui zézayait, vous vous en souvenez, M. Dugdale , a réussi à tenter cette gentille jeune dame, Constance Hudson, d'accepter son main et coeur. La vieille Mme Hudson était très contente, monsieur. A propos de la latitude de l' archipel des Chagos , M. Emmett a incité Miss Helen Trevor à se fiancer avec lui. Et au large des îles Laquedives, Peter Hemskirk , au grand étonnement de tous, a déposé sa personne et sa fortune aux pieds de Miss Mary Joliffe.

«Je pensais que M. Emmett était un homme marié», dis-je.

« Apparemment non, monsieur », répondit-il.

« Et votre ami Hemmeridge ?

Il répondit que le chirurgien avait consulté un notaire à Bombay et qu'on lui avait sans doute conseillé d'entreprendre certaines démarches ; mais trois semaines après l'arrivée du navire , le médecin avait été éjecté de cheval et si blessé à la colonne vertébrale et à la tête qu'il mourut au bout de quinze jours.

« Ce qu'il aurait pu faire, je suis sûr que je ne le sais pas, M. Dugdale », a déclaré le vieil homme. « Je crois que j'étais dans mon droit. Pourtant, il a pu me causer des ennuis et je déteste la loi. J'ai remis les deux hommes, Crabb et Willett, à la police. M. Saunders a fait analyser soigneusement la drogue que le scélérat avait utilisée , et il s'est avéré qu'il avait raison : c'était ce qu'il avait appelé ; et j'ai ensuite appris que cette substance n'était pas inconnue en Inde, où elle est utilisée à des fins religieuses ; mais de quelle manière, je ne sais pas.

C'était toutes les nouvelles que le vieux Keeling avait à me donner.

Quand j'ai laissé Lush et les marins du *Lady Blanche* sur le récif, je n'avais guère pensé à entendre parler d'eux à nouveau. Je connaissais la nature des marins. S'ils s'en sortaient vivants, je pourrais être sûr qu'ils se disperseraient et disparaîtraient complètement. Grande fut alors ma surprise, un matin, quelques mois après mon mariage, de trouver, en ouvrant mon journal du matin, un récit d'une longueur d'une colonne sur le procès d'un marin nommé Lush pour le meurtre d'un homme nommé Woodward. La preuve était essentiellement mon histoire avec une suite à celle-ci. Les témoins contre Lush étaient trois des marins du *Lady Blanche* . L'avocat de l'accusation a raconté les aventures de la barque jusqu'au moment où j'ai nagé jusqu'à elle et où je suis parti avec elle. Le bateau était sous la responsabilité de l'homme Woodward lorsque j'ai détaché la ligne pour le laisser filer. Il était tombé dans un profond sommeil, accablé par la fatigue et l'alcool. Les cris et les rugissements de l'équipage, dont l'un s'était mis en route et avait observé le bateau à la dérive, avaient réveillé le dormeur après un certain temps de vacarme . Il était gros et stupide, il se mit maladroitement au travail pour ramener le lourd bateau à terre, et il mit beaucoup de temps à le faire. Le menuisier l'a traîné jusqu'à la plage et lui a demandé s'il s'était endormi. Le malheureux répondit oui ; le charpentier le frappa violemment ; Woodward rendit le coup ; et, fou de rage, Lush sortit son fourreau et poignarda l'homme au cœur.

À ce moment-là, la barque avait presque disparu dans l'obscurité de la nuit. Il ne fallait pas penser à la poursuite . Ils attendirent le jour ; mais au lieu de mettre ce qui leur restait de provisions et d'eau dans le bateau et de partir à la recherche d'une terre ou d'un navire de passage, les imbéciles se remirent à jouer aux dés ; et ce ne fut que lorsque leur petit stock d'eau fut presque épuisé que, convaincus qu'il n'y avait pas d'or dans la partie du rivage où le capitaine Braine avait dit qu'il était caché, ils prirent la mer.

Ils étaient restés plusieurs jours à flot avant qu'eux , ou du moins les survivants, soient secourus. Leurs souffrances ne devaient pas être exprimées . Ils étaient restés cinq jours sans eau lorsqu'ils ont été récupérés. Quatre d'entre eux étaient morts, et l'un des corps avait été conservé pour un usage sur lequel on ne saurait s'étendre. Ils furent rencontrés par un brick anglais qui rentrait chez lui, au capitaine duquel l'un des matelots, qui avait été un vieux « copain » de Woodward, raconta l'histoire du meurtre de cet homme par Lush. Le capitaine, ne choisissant pas d'avoir un voyou tel que le charpentier en liberté dans son petit navire, le mit aux fers et le garda sous les écoutilles jusqu'à l'arrivée du navire dans la Tamise, lorsqu'il fut remis à la police. Je ne souhaitais guère que ce scélérat soit pendu, car il méritait amplement une telle fin ; et c'est avec quelque soulagement que j'ai lu, lorsqu'il a été amené à Old Bailey, que le jury avait prononcé un verdict d'homicide involontaire et qu'il avait été condamné à dix ans de déportation.

À cette heure, je suis intrigué par le capitaine Braine et son île . Ma femme croyait unanimement que l'or était là, et que le pauvre fou s'était trompé d'orientation sur l'endroit où il se trouvait. Cependant, ma propre imagination a toujours été encline à ceci : parce qu'il avait correctement décrit l'île, qu'il situait sur une partie de la mer où aucun récif ni aucune terre d'aucune sorte n'était indiqué sur les cartes, il avait en réalité j'ai fait naufrage dessus et j'ai souffert comme il me l'avait raconté ; qu'en s'attardant longtemps sur sa terrible expérience, il y avait importé certaines imaginations insensées de sa folie insoupçonnée lorsqu'elles lui étaient venues ; jusqu'à ce que l'hallucination de l'or se durcisse dans sa pauvre âme en conviction. Pourtant, je peux me tromper ; et, si c'est le cas, alors il doit y avoir à cette heure plus de cent quatre-vingt mille livres de pièces d'or cachées quelque part dans le récif dont vous connaissez la latitude et la longitude.

LA FIN

Milton Keynes UK
Ingram Content Group UK Ltd.
UKHW041847121024
449535UK00004B/385